발달지체 영유아 조기개입 9
조기개입 | 사회성편

임경옥 저

학지사

머리말

　필자가 25년을 특수교육현장에 있으면서 느꼈던 가장 큰 안타까움은 장애 및 발달지체 영유아를 지도하기 위해 조기에 개입할 수 있는 지침서가 없다는 것이었다. 이와 관련하여 이들을 양육하는 부모와 현장에서 지도하는 교사들의 요구가 지속되었지만 감히 엄두를 낼 수가 없었다.

　그러나 대학에서 후학을 양성하고자 운영하던 특수교육기관을 정리하면서 그동안 미루어 왔던 장애 영유아 발달 영역별 지도를 위한 지침서를 현장 경험을 바탕으로 열정 하나만 가지고 집필하였고, 출간된 지 벌써 6년이 지났다.

　열정만 가지고 집필했던 지침서는 6년이 지난 현 시점에서 돌이켜 보면 부끄러워 감히 내놓을 수 없을 만큼 미숙하고 부족한 부분이 너무 많아 죄송한 마음을 금할 길 없다. 그럼에도 불구하고 『장애 영유아 발달 영역별 지침서』(전5권)가 장애 영유아를 지도하는 데 많은 도움이 되었다는 장애아동의 부모님, 특수교사 그리고 장애 영유아를 위한 유아 교육현장의 통합반 담당 교사들에게 먼저 감사드린다. 그리고 부족한 부분에 조언을 아끼지 않고 오랫동안 이 책을 지켜봐 주신 주변 지인들에게도 감사의 인사를 드린다. 이러한 지원과 채찍은 기존에 출판된 저서의 미숙하고 부족한 부분을 보완하여 전반적인 수정과 더불어 다시 집필해야 한다는 책무로 다가왔다. 그러므로 『발달지체 영유아 조기개입』에 대한 집필은 이 책을 아껴 주셨던 모든 분에게 감사의 마음으로 헌납하고자 심혈을 기울였으며, 처음 집필 시의 열정을 가지고 미숙하게 출간된 부끄러움을 조금이나마 만회하고자 최선을 다하였다.

　이 책은 시리즈로 구성되어 각 영역별로 구성되어 있다. '인지' '수용언어' '표현언어' '대근육과 소근육' '사회성과 신변처리' 등의 영역으로 구성되어 있으며, 각 영역별로 가정에서도 장애 및 발달지체 영유아를 쉽게 지도할 수 있도록 초점을 맞추었다. 이를 위해 가능한 한 전문적인 용어를 배제하고 가장 쉽게 이해할 수 있는 용어를 선택하고자 고심하였으며, 실제적이고 기능 중심적인 항목을 배치하고자 노력하였다. 그리고 각 항목마다 되도록 자세히 서술하였고, 각 책의 부록에는 각 영역별 발달수준을 체크하여 지도할 수 있도록 항목별 시행 일자와 습득 일자를 기록할 수 있는 관찰표를 수록하였다.

따라서 이 책을 활용하여 지도할 경우, 각 항목의 방법 1은 수행 여부를 가늠하기 위한 선행검사에 중점을 두었으므로 방법 1로 각 항목의 수행 여부를 관찰표에 기록한 후 지도하도록 한다. 이를 위해 각 영역별로 개인별 특성을 고려하여 장애 및 발달지체 영유아의 현재 나이를 기준으로 한두 살 아래와 위 단계까지 관찰표에 수행 여부를 기록한 후 지도할 것을 권장한다. 또한 각 항목별 수행 후 반드시 다양하게 위치를 바꾸어 수행 여부를 확인해야 하며, 특히 그림 지도 시에는 위치가 고정되어 있어 외워서 수행될 가능성을 배제할 수 없으므로 그림을 여러 장 복사한 후 그림을 오려서 다양하게 위치를 바꾸어 확인해야 한다.

강화제(행동의 결과로 영유아가 좋아하는 것을 제공하는 것. 예: 음식물, 장난감, 스티커 등) 적용은 각 항목의 방법에 적용되어 있는 순서를 참고하여 필요시 각 단계마다 적절하게 상황을 판단하여 제공해 줄 것을 제안한다. 그리고 처음 지도 시에는 자주 강화제를 제공하다가 점차 줄여 나가야 함을 유의하도록 한다.

끝으로, 이 책이 장애 및 발달지체 영유아를 양육하는 부모님과 이들을 현장에서 지도하는 모든 교사 그리고 장애 영유아를 위한 보육교사와 특수교사를 배출하는 대학의 교재로서 미력하나마 도움이 되길 진심으로 바란다. 또한 이 책의 출판을 맡아 준 학지사의 김진환 사장님을 비롯하여 완성도 높은 책이 출판될 수 있도록 힘든 편집과 교정 및 삽화 작업을 묵묵히 도와주신 편집부 김준범 부장님과 직원들에게도 감사드린다. 마지막으로, 이 책의 이해를 돕기 위해 사용한 삽화의 근간이 되어 준『장애 영유아 발달 영역별 지침서』의 그림을 그려 준 딸 수지와 진심으로 격려해 주고 지원해 준 지인들에게 무한한 고마움을 전하며 모든 분에게 하나님의 축복과 영광이 함께하길 기원한다.

장애 및 발달지체 영유아의 행복한 삶을 기원하며

2020년 2월

임경옥

차례

사회성편

0~1세 ━━━━━• 15

 1~2세 ————● 49

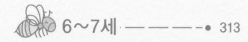

사회성편

성인의 얼굴 바라보기　　　　0~1세

목표 | 성인의 얼굴을 바라볼 수 있다.
자료 | 강화제

방법 ❶

- 교사가 성인(엄마)의 얼굴을 바라보는 시범을 보인다.
- 영아에게 교사를 모방하여 교사(엄마)의 얼굴을 바라보게 한다.
- 수행되면 영아 스스로 교사의 얼굴을 바라보게 한다.
- 수행되면 영아의 특성에 맞는 적절한 강화제를 제공한다.

방법 ❷

- 교사가 성인(엄마)의 얼굴을 바라보는 시범을 보인다.
- 영아에게 교사를 모방하여 교사(엄마)의 얼굴을 바라보게 한다.
- 모방하지 못하면 교사가 영아의 얼굴을 잡고 교사를 바라보게 해 준다.
- 교사가 얼굴을 영아 얼굴 가까이 대 준 후 영아에게 교사의 얼굴을 바라보게 한다.
- 보지 못하면 교사가 영아의 얼굴을 잡고 교사를 바라보는 동작을 반복해 준다.
- 수행되면 교사가 "선생님(엄마) 얼굴 봐요."라고 말하며 영아에게 교사(엄마)의 얼굴
  을 바라보게 한다.

- 도움을 점차 줄여 간다.
- 수행되면 영아 스스로 교사의 얼굴을 바라보게 한다.
- 수행되면 영아의 특성에 맞는 적절한 강화제를 제공한다.

2 성인을 모방하여 미소 짓기　　0~1세

목표 | 성인을 모방하여 미소 지을 수 있다.

자료 | 매트, 강화제

방법 ❶
- 교사가 매트에 영아를 눕히거나 안고 미소 짓는 시범을 보인다.
- 영아에게 교사를 모방하여 미소를 짓게 한다.
- 수행되면 영아 스스로 교사를 모방하여 미소를 짓게 한다.
- 수행되면 영아의 특성에 맞는 적절한 강화제를 제공한다.

방법 ❷
- 교사가 매트에 영아를 눕히거나 안고 미소 짓는 시범을 보인다.
- 영아에게 교사를 모방하여 미소를 짓게 한다.
- 모방하지 못하면 교사가 미소를 지으며 영아의 배를 살짝 간지럽혀 주면서 영아에게 교사를 모방하여 미소 짓게 해 준다.
- 교사가 얼굴을 영아 얼굴 가까이 대 준 후 미소 지으며 영아에게 교사를 모방하여 미소짓게 해 준다.
- 미소 짓지 못하면 교사가 미소를 지으며 영아의 배를 살짝 간지럽혀 주면서 영아가 교사를 모방하여 미소 짓는 동작을 반복해 준다.
- 도움을 점차 줄여 간다.

- 수행되면 영아 스스로 교사를 모방하여 미소 짓게 한다.
- 수행되면 영아의 특성에 맞는 적절한 강화제를 제공한다.

③ 말하거나 안아 주면 울음 멈추기 `0~1세`

목표 | 말하거나 안아 주면 울음을 멈출 수 있다.
자료 | 강화제

방법 ❶

- 교사가 유아가 울고 있을 때 말하거나 안아 주면 유아가 울음을 멈추는 시범을 보인다.
- 영아가 울고 있을 때 교사가 말하거나 안아 주면 유아를 모방하여 울음을 멈추게 한다.
- 수행되면 영아가 울고 있을 때 교사가 말하거나 안아 주면 영아 스스로 울음을 멈추게 한다.
- 수행되면 영아의 특성에 맞는 적절한 강화제를 제공한다.

방법 ❷

- 교사가 유아가 울고 있을 때 말하거나 안아 주면 유아가 울음을 멈추는 시범을 보인다.
- 영아가 울고 있을 때 교사가 말하거나 안아 주면 유아를 모방하여 울음을 멈추게 한다.
- 모방하지 못하면 영아가 울고 있을 때 교사가 얼러 주며 토닥거려 영아의 울음을 멈추게 해 준다.
- 영아가 울고 있을 때 교사가 영아를 안고 천천히 흔들어 주며 영아의 울음을 멈추

게 해 준다.

- 멈추지 못하면 영아가 울고 있을 때 교사가 얼러 주며 토닥거려 영아의 울음을 멈추는 동작을 반복해 준다.
- 도움을 점차 줄여 간다.
- 수행되면 영아가 울고 있을 때 교사가 말하거나 안아 주면 영아 스스로 울음을 멈추게 한다.
- 수행되면 영아의 특성에 맞는 적절한 강화제를 제공한다.

4 사람을 향해 바라보거나 얼굴 돌리기　0~1세

목표 ｜ 사람을 향해 바라보거나 얼굴을 돌릴 수 있다.
자료 ｜ 강화제

방법 ❶
- 교사가 사람을 향해 바라보거나 얼굴을 돌리는 시범을 보인다.
- 영아에게 교사를 모방하여 사람을 향해 바라보거나 얼굴을 돌리게 한다.
- 수행되면 영아 스스로 사람을 향해 바라보거나 얼굴을 돌리게 한다.
- 수행되면 영아의 특성에 맞는 적절한 강화제를 제공한다.

방법 ❷
- 교사가 사람을 향해 바라보거나 얼굴을 돌리는 시범을 보인다.
- 영아에게 교사를 모방하여 사람을 향해 바라보거나 얼굴을 돌리게 한다.
- 모방하지 못하면 교사가 영아의 얼굴을 살짝 잡아 사람을 향해 바라보거나 얼굴을 돌리게 해 준다.
- 교사가 사람 얼굴 옆에 예를 들어 소리 나는 장난감이나 비닐을 바삭거려 영아가

사람을 향해 바라보거나 얼굴을 돌리게 해 준다.

- 바라보거나 돌리지 못하면 교사가 사람 얼굴 옆에 소리 나는 장난감이나 비닐을 바삭거려 영아가 사람을 향해 바라보거나 얼굴을 돌릴 수 있도록 반복해 준다.
- 교사가 사람을 보라는 시늉을 하거나 가리키며 영아에게 사람을 향해 바라보거나 얼굴을 돌리게 한다.
- 도움을 점차 줄여 간다.
- 수행되면 영아 스스로 사람을 향해 바라보거나 얼굴을 돌리게 한다.
- 수행되면 영아의 특성에 맞는 적절한 강화제를 제공한다.

5 엄마의 얼굴 구분하기 0~1세

목표 | 엄마의 얼굴을 구분할 수 있다.

자료 | 강화제

방법 ❶
- 예를 들어 교사와 엄마가 함께 앉은 후 교사가 엄마를 가리키는 시범을 보인다.
- 교사와 엄마가 함께 앉은 후 영아에게 교사를 모방하여 엄마를 가리켜 보게 한다.
- 수행되면 교사와 엄마가 함께 앉은 후 영아 스스로 엄마를 가리켜 보게 한다.
- 수행되면 영아의 특성에 맞는 적절한 강화제를 제공한다.

방법 ❷
- 예를 들어 교사와 엄마가 함께 앉은 후 교사가 엄마를 가리키는 시범을 보인다.
- 교사와 엄마가 함께 앉은 후 영아에게 교사를 모방하여 엄마를 가리켜 보게 한다.
- 모방하지 못하면 교사가 엄마와 함께 앉은 후 영아의 손을 잡고 엄마를 가리켜 준다.

- 교사가 엄마와 함께 앉은 후 엄마의 얼굴을 가리키며 영아에게 가리키게 한다.
- 가리키지 못하면 교사가 엄마와 함께 앉은 후 영아의 손을 잡고 엄마를 가리키는 동작을 반복해 준다.
- 도움을 점차 줄여 간다.
- 수행되면 교사와 엄마가 함께 앉은 후 영아 스스로 엄마를 가리켜 보게 한다.
- 수행되면 영아의 특성에 맞는 적절한 강화제를 제공한다.

☞ 예를 들어 교사와 엄마와 마주 앉은 후 엄마를 가리키는 것이 수행되면 반드시 교사 대신 다른 사람과 엄마가 함께 앉아 엄마를 가리킬 수 있는지 확인해야 한다. 왜냐하면 교사와 함께 앉은 상태에서 지도한 결과 습관적으로 엄마를 가리킬 수 있기 때문이다.

6 안아 줄 때 꼭 안기기 0~1세

목표 | 안아 줄 때 꼭 안길 수 있다.
자료 | 강화제

방법 ❶
- 교사가 유아를 안아 줄 때 유아가 꼭 안기는 시범을 보인다.
- 교사가 영아를 안아 줄 때 영아가 유아를 모방하여 꼭 안기게 한다.
- 수행되면 교사가 영아를 안아 줄 때 영아 스스로 꼭 안기게 한다.
- 수행되면 영아의 특성에 맞는 적절한 강화제를 제공한다.

방법 ❷
- 교사가 유아를 안아 줄 때 유아가 꼭 안기는 시범을 보인다.
- 교사가 영아를 안아 줄 때 영아가 유아를 모방하여 꼭 안기게 한다.

- 모방하지 못하면 교사가 영아의 팔을 잡아 교사의 허리를 감싸 안게 만들어 준 후 영아가 꼭 안기게 해 준다.
- 교사가 영아의 팔을 교사의 허리 가까이 대 준 후 영아에게 허리를 감싸 안게 한 다음 영아가 꼭 안기게 한다.
- 안기지 못하면 영아의 팔을 잡아 교사의 허리를 감싸 안게 만들어 준 후 영아가 꼭 안기게 하는 동작을 반복해 준다.
- 도움을 점차 줄여 간다.
- 수행되면 교사가 영아를 안아 줄 때 영아 스스로 꼭 안기게 한다.
- 수행되면 영아의 특성에 맞는 적절한 강화제를 제공한다.

7 성인을 모방하여 웃기

목표 | 성인을 모방하여 웃을 수 있다.
자료 | 매트, 강화제

방법 ❶
- 교사가 매트에 영아를 눕히거나 안고 웃는 시범을 보인다.
- 영아에게 교사를 모방하여 웃어 보게 한다.
- 수행되면 영아 스스로 교사를 모방하여 웃어 보게 한다.
- 수행되면 영아의 특성에 맞는 적절한 강화제를 제공한다.

방법 ❷
- 교사가 매트에 영아를 눕히거나 안고 웃는 시범을 보인다.
- 영아에게 교사를 모방하여 웃어 보게 한다.
- 모방하지 못하면 교사가 웃으며 영아의 배를 살짝 간지럽혀 주면서 영아에게 교

사를 모방하여 웃게 해 준다.

- 교사가 웃는 얼굴을 영아 얼굴 가까이 대 준 후 영아에게 교사를 모방하여 웃게 해 준다.
- 웃지 못하면 교사가 웃으며 영아의 배를 살짝 간지럽혀 주면서 영아에게 교사를 모방하여 웃는 동작을 반복해 준다.
- 도움을 점차 줄여 간다.
- 수행되면 영아 스스로 교사를 모방하여 웃게 한다.
- 수행되면 영아의 특성에 맞는 적절한 강화제를 제공한다.

8 엄마 알아보고 울음 그치기 0~1세

목표 | 울고 있다가 엄마를 알아보고 울음을 그칠 수 있다.
자료 | 강화제

방법 ❶

- 교사가 울고 있다가 엄마를 알아보고 울음을 그치는 시범을 보인다.
- 영아에게 교사를 모방하여 울고 있다가 엄마를 알아보고 울음을 그치게 한다.
- 수행되면 영아가 울고 있다가 엄마를 알아보고 스스로 울음을 그치게 한다.
- 수행되면 영아의 특성에 맞는 적절한 강화제를 제공한다.

방법 ❷

- 교사가 울고 있다가 엄마를 알아보고 울음을 그치는 시범을 보인다.
- 영아에게 교사를 모방하여 울고 있다가 엄마를 알아보고 울음을 그치게 한다.
- 모방하지 못하면 교사가 울고 있는 영아를 살짝 간지럽히며 엄마를 알아보고 울음을 그치게 해 준다.

- 교사가 울고 있는 영아에게 엄마의 얼굴을 가리키며 엄마를 알아보고 울음을 그치게 해 준다.
- 그치지 못하면 교사가 울고 있는 영아를 살짝 간지럽히며 엄마를 알아보고 울음을 그치는 행동을 반복해 준다.
- 도움을 점차 줄여 간다.
- 수행되면 영아가 울고 있다가 엄마를 알아보고 스스로 울음을 그치게 한다.
- 수행되면 영아의 특성에 맞는 적절한 강화제를 제공한다.

9 성인의 얼굴 만지기　

목표 | 성인의 얼굴을 만질 수 있다.
자료 | 강화제

방법 ❶
- 교사가 자신의 얼굴을 만지는 시범을 보인다.
- 영아에게 교사를 모방하여 교사의 얼굴을 만져 보게 한다.
- 수행되면 영아 스스로 교사의 얼굴을 만져 보게 한다.
- 수행되면 영아의 특성에 맞는 적절한 강화제를 제공한다.

방법 ❷
- 교사가 자신의 얼굴을 만지는 시범을 보인다.
- 영아에게 교사를 모방하여 교사의 얼굴을 만져 보게 한다.
- 모방하지 못하면 교사가 영아의 손을 잡고 교사의 얼굴을 만져 준다.
- 교사가 영아의 손을 교사 얼굴 가까이 대 준 후 영아에게 교사의 얼굴을 만져 보게 한다.

- 만지지 못하면 교사가 영아의 손을 잡고 교사의 얼굴을 만지는 동작을 반복해 준다.
- 수행되면 교사가 자신의 얼굴을 가리키며 영아에게 교사의 얼굴을 만져 보게 한다.
- 도움을 점차 줄여 간다.
- 수행되면 영아 스스로 교사의 얼굴을 만져 보게 한다.
- 수행되면 영아의 특성에 맞는 적절한 강화제를 제공한다.

10 큰 소리로 웃기   `0~1세`

목표 | 큰 소리로 웃을 수 있다.
자료 | 강화제

방법 ❶
- 성인을 모방하여 웃기는 앞 단계에서 수행하였으므로 확인한 후 시행한다.
- 교사가 큰 소리로 웃는 시범을 보인다.
- 영아에게 교사를 모방하여 큰 소리로 웃어 보게 한다.
- 수행되면 영아 스스로 큰 소리로 웃어 보게 한다.
- 수행되면 영아의 특성에 맞는 적절한 강화제를 제공한다.

방법 ❷
- 성인을 모방하여 웃기는 앞 단계에서 수행하였으므로 확인한 후 시행한다.
- 교사가 큰 소리로 웃는 시범을 보인다.
- 영아에게 교사를 모방하여 큰 소리로 웃어 보게 한다.
- 모방하지 못하면 교사가 영아에게 살짝 간지럼 태우며 큰 소리로 웃게 해 준다.

- 교사가 큰 소리로 웃는 모습을 영아 얼굴 가까이 대 준 후 영아에게 큰 소리로 웃어 보게 한다.
- 큰 소리로 웃지 못하면 교사가 영아를 살짝 간지럼 태우며 큰 소리로 웃는 동작을 반복해 준다.
- 수행되면 교사가 큰 소리로 웃는 교사를 가리키며 영아에게 큰 소리로 웃어 보게 한다.
- 도움을 점차 줄여 간다.
- 수행되면 영아 스스로 큰 소리로 웃어 보게 한다.
- 수행되면 영아의 특성에 맞는 적절한 강화제를 제공한다.

11 엄마의 목소리 구분하기

목표 | 엄마의 목소리를 구분할 수 있다.
자료 | 강화제

방법 ❶
- 교사가 엄마와 마주 앉아 엄마의 목소리를 듣고 엄마를 쳐다보는 시범을 보인다.
- 엄마와 교사가 영아의 이름을 부르면 영아가 교사를 모방하여 엄마를 쳐다보게 한다.
- 수행되면 엄마와 교사가 영아의 이름을 부를 때 영아 스스로 엄마를 쳐다보게 한다.
- 수행되면 영아의 특성에 맞는 적절한 강화제를 제공한다.

방법 ❷
- 교사가 엄마와 마주 앉아 엄마의 목소리를 듣고 엄마를 쳐다보는 시범을 보인다.
- 엄마와 교사가 영아의 이름을 부르면 영아가 교사를 모방하여 엄마의 목소리를

듣고 엄마를 쳐다보게 한다.

- 모방하지 못하면 엄마와 교사가 영아의 이름을 부를 때 교사가 영아의 얼굴을 엄마 방향으로 돌려 엄마를 쳐다보게 해 준다.
- 엄마와 교사가 영아의 이름을 부르면 교사가 영아의 얼굴을 엄마 방향으로 살짝 돌려 엄마를 쳐다보게 해 준다.
- 쳐다보지 못하면 엄마와 교사가 영아의 이름을 부를 때 교사가 영아의 얼굴을 엄마 방향으로 돌려 엄마를 쳐다보는 동작을 반복해 준다.
- 도움을 점차 줄여 간다.
- 수행되면 엄마와 교사가 영아의 이름을 부를 때 영아 스스로 엄마의 목소리를 듣고 엄마를 쳐다보게 한다.
- 수행되면 영아의 특성에 맞는 적절한 강화제를 제공한다.

12 제시된 물건에 손 내밀기　　0~1세

목표 ｜ 제시된 물건에 손을 내밀 수 있다.
자료 ｜ 영아가 좋아하는 물건(장난감), 강화제

방법 ❶

- 교사가 제시된 물건에 손을 내미는 시범을 보인다.
- 영아에게 교사를 모방하여 제시된 물건에 손을 내밀게 한다.
- 수행되면 영아 스스로 제시된 물건에 손을 내밀게 한다.
- 수행되면 영아의 특성에 맞는 적절한 강화제를 제공한다.

방법 ❷

- 교사가 예를 들어 유아에게 딸랑이를 제시하면 유아가 딸랑이를 달라고 손을 내

미는 시범을 보인다.

- 교사가 딸랑이를 제시할 때 영아에게 유아를 모방하여 딸랑이를 달라고 손을 내밀게 한다.
- 모방하지 못하면 교사가 딸랑이를 제시할 때 영아의 손을 잡고 딸랑이를 달라고 손을 내밀게 해 준다.
- 교사가 딸랑이를 영아 손 가까이 대 준 후 영아가 딸랑이를 달라고 손을 내밀게 한다.
- 내밀지 못하면 교사가 딸랑이를 제시할 때 영아의 손을 잡고 딸랑이를 달라고 손을 내미는 동작을 반복해 준다.
- 수행되면 교사가 딸랑이를 흔들어 소리를 내며 영아에게 딸랑이를 달라고 손을 내밀게 한다.
- 수행되면 교사가 딸랑이를 가리키며 영아에게 딸랑이를 달라고 손을 내밀게 한다.
- 도움을 점차 줄여 간다.
- 수행되면 교사가 딸랑이를 제시할 때 영아 스스로 딸랑이를 달라고 손을 내밀게 한다.
- 수행되면 영아의 특성에 맞는 적절한 강화제를 제공한다.

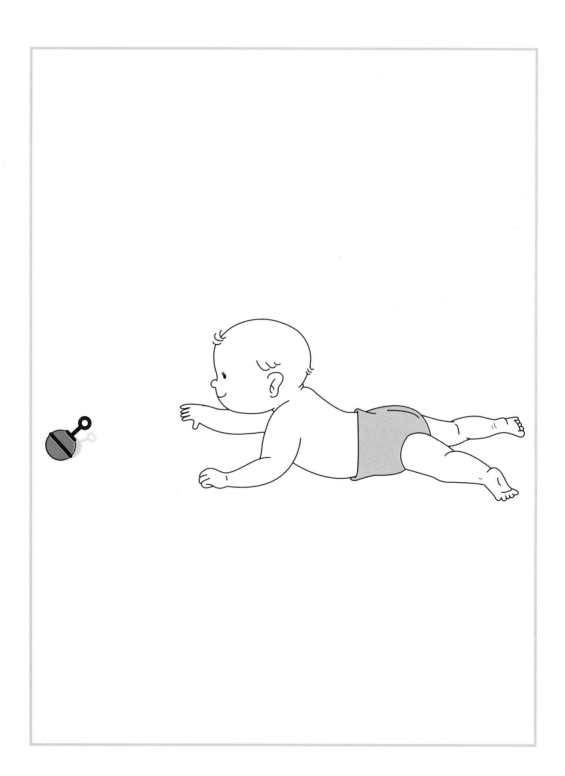

13 사회적 참조하기 ⟨0~1세⟩

목표 | 새로운 상황에 직면하면 엄마의 눈치를 살필 수 있다.

자료 | 강화제

방법 ❶

- 교사가 새로운 상황(예: 낯선 사람을 만났을 때)에 직면하면 엄마의 눈치를 살피는 시범을 보인다.
- 영아에게 교사를 모방하여 새로운 상황에 직면하면 엄마의 눈치를 살피게 한다.
- 수행되면 영아 스스로 새로운 상황에 직면할 때 엄마의 눈치를 살피게 한다.
- 수행되면 영아의 특성에 맞는 적절한 강화제를 제공한다.

방법 ❷

- 유아가 예를 들어 낯선 사람을 만났을 때 교사의 얼굴을 쳐다보며 눈치를 보는 시범을 보인다.
- 영아에게 유아를 모방하여 낯선 사람을 만났을 때 교사의 얼굴을 쳐다보며 눈치를 보게 한다.
- 모방하지 못하면 영아가 낯선 사람을 만났을 때 교사가 영아의 얼굴을 손으로 돌려 교사의 얼굴을 쳐다보며 눈치를 보게 해 준다.
- 영아가 낯선 사람을 만났을 때 교사가 영아의 얼굴에 손을 살짝 대 준 후 영아에게 교사의 얼굴을 쳐다보며 눈치를 보게 한다.
- 쳐다보지 못하면 영아가 낯선 사람을 만났을 때 교사가 영아의 얼굴을 손으로 돌려 교사의 얼굴을 쳐다보며 눈치를 보는 동작을 반복해 준다.
- 도움을 점차 줄여 간다.
- 수행되면 영아 스스로 낯선 사람을 만났을 때 교사의 얼굴을 쳐다보며 눈치를 보

게 한다.
- 수행되면 영아의 특성에 맞는 적절한 강화제를 제공한다.

14 이름을 부르면 바라보기   0~1세

목표 | 이름을 부르면 바라볼 수 있다.

자료 | 강화제

방법 ❶

- 교사가 유아의 이름을 부르면 유아가 교사를 바라보는 시범을 보인다.
- 영아에게 유아를 모방하여 영아의 이름을 부르면 교사를 바라보게 한다.
- 수행되면 교사가 영아의 이름을 부를 때 영아 스스로 교사를 바라보게 한다.
- 수행되면 영아의 특성에 맞는 적절한 강화제를 제공한다.

방법 ❷

- 교사가 유아의 이름을 부르면 유아가 교사를 바라보는 시범을 보인다.
- 영아에게 유아를 모방하여 영아의 이름을 부르면 교사를 바라보게 한다.
- 바라보지 못하면 교사가 영아의 이름을 부를 때 다른 교사가 영아의 고개를 잡고 교사를 바라보게 해 준다.
- 교사가 영아의 이름을 부르며 소리 나는 장난감을 흔들어 영아가 교사를 바라보게 해 준다.
- 바라보지 못하면 교사가 영아의 이름을 부를 때 다른 교사가 영아의 고개를 잡고 교사를 바라보는 동작을 반복해 준다.
- 도움을 점차 줄여 간다.
- 수행되면 교사가 영아의 이름을 부를 때 영아 스스로 교사를 바라보게 한다.
- 수행되면 영아의 특성에 맞는 적절한 강화제를 제공한다.

15 친숙한 사람에게 미소 짓기 0~1세

0~1
세

목표 | 친숙한 사람에게 미소를 지을 수 있다.

자료 | 강화제

방법 ❶

- 교사가 친숙한 사람(예: 영아, 또는 다른 교사)에게 미소를 짓는 시범을 보인다.
- 영아에게 교사를 모방하여 친숙한 사람(예: 교사 또는 엄마, 다른 영아 등)에게 미소를 짓게 한다.
- 수행되면 영아 스스로 친숙한 사람에게 미소를 짓게 한다.
- 수행되면 영아의 특성에 맞는 적절한 강화제를 제공한다.

방법 ❷

- 교사가 예를 들어 친숙한 유아에게 미소를 짓는 시범을 보인다.
- 영아에게 교사를 모방하여, 예를 들어 교사에게 미소를 짓게 한다.
- 모방하지 못하면 교사가 영아의 배를 살짝 간지럽혀 주며 교사에게 미소를 짓게 해 준다.
- 교사가 교사의 얼굴을 영아 얼굴 가까이 대 준 후 미소 지으며 영아에게 미소를 짓게 한다.
- 짓지 못하면 교사가 영아의 배를 살짝 간지럽혀 주며 교사에게 미소를 짓는 동작을 반복해 준다.
- 도움을 점차 줄여 간다.
- 수행되면 영아 스스로 교사에게 미소 짓게 한다.
- 수행되면 교사에게 미소를 짓게 지도한 것과 같은 방법으로 다른 친숙한 사람에게 미소짓게 한다.

- 수행되면 영아의 특성에 맞는 적절한 강화제를 제공한다.

16 기쁠 때 소리 지르기 0~1세

목표 | 기쁠 때 소리를 지를 수 있다.
자료 | 영아가 좋아하는 물건, 강화제

방법 ❶

- 교사가 기쁠 때 소리를 지르는 시범을 보인다.
- 영아에게 교사를 모방하여 기쁠 때 소리를 질러 보게 한다.
- 수행되면 영아 스스로 기쁠 때 소리를 질러 보게 한다.
- 수행되면 영아의 특성에 맞는 적절한 강화제를 제공한다.

방법 ❷

- 교사가 기쁠 때 소리를 지르는 시범을 보인다.
- 영아에게 교사를 모방하여 기쁠 때 소리를 질러 보게 한다.
- 모방하지 못하면 교사가 영아가 가장 좋아하는 물건을 주며 영아에게 소리를 질러 보게 해 준다.
- 지르지 못하면 교사가 영아가 가장 좋아하는 물건을 주며 영아에게 소리를 지르는 동작을 반복해 준다.
- 도움을 점차 줄여 간다.
- 수행되면 영아 스스로 기쁠 때 소리를 질러 보게 한다.
- 수행되면 영아의 특성에 맞는 적절한 강화제를 제공한다.

17 몸짓으로 안아 달라는 표현하기

목표 | 몸짓으로 안아 달라는 표현을 할 수 있다.

자료 | 매트, 강화제

방법 ❶

- 유아가 교사에게 몸짓으로 안아 달라는 표현을 하는 시범을 보인다.
- 영아에게 유아를 모방하여 교사에게 몸짓으로 안아 달라고 하게 한다.
- 수행되면 영아 스스로 교사에게 몸짓으로 안아 달라고 하게 한다.
- 수행되면 영아의 특성에 맞는 적절한 강화제를 제공한다.

방법 ❷

- 유아가 교사에게 몸짓으로 안아 달라는 표현을 하는 시범을 보인다.
- 영아에게 유아를 모방하여 교사에게 몸짓으로 안아 달라고 하게 한다.
- 모방하지 못하면 교사가 영아의 두 팔을 잡아 교사의 어깨나 허리 가까이 대 준 후 몸짓으로 안아 달라고 표현하게 해 준다.
- 교사가 영아의 두 팔을 잡고 벌려 주어 몸짓으로 안아 달라고 표현하게 해 준다.
- 표현하지 못하면 교사가 영아의 두 팔을 잡아 교사의 어깨나 허리 가까이 대 준 후 몸짓으로 안아 달라고 표현하는 동작을 반복해 준다.
- 도움을 점차 줄여 간다.
- 수행되면 영아 스스로 교사에게 몸짓으로 안아 달라고 하게 한다.
- 수행되면 영아의 특성에 맞는 적절한 강화제를 제공한다.

18 성인을 보고 먼저 웃기

목표 | 성인을 보고 먼저 웃을 수 있다.

자료 | 강화제

방법 ❶

- 성인을 모방하여 웃기 및 큰 소리로 웃기는 앞 단계에서 수행하였으므로 확인한 후 시행한다.
- 교사가 성인을 보고 먼저 웃는 시범을 보인다.
- 영아에게 교사를 모방하여 성인을 보고 먼저 웃게 한다.
- 수행되면 영아 스스로 성인을 보고 먼저 웃게 한다.
- 수행되면 영아의 특성에 맞는 적절한 강화제를 제공한다.

방법 ❷

- 성인을 모방하여 웃기 및 큰 소리로 웃기는 앞 단계에서 수행하였으므로 확인한 후 시행한다.
- 교사가 성인을 보고 먼저 웃는 시범을 보인다.
- 영아에게 교사를 모방하여 성인을 보고 먼저 웃게 한다.
- 모방하지 못하면 교사가 영아를 살짝 간지럼 태우며 성인을 보고 먼저 웃게 해 준다.
- 교사가 먼저 웃는 얼굴을 영아 얼굴 가까이 대 준 후 영아에게 웃게 한다.
- 웃지 못하면 교사가 영아를 살짝 간지럼 태우며 성인을 보고 먼저 웃는 동작을 반복해 준다.
- 도움을 점차 줄여 간다.
- 수행되면 영아 스스로 성인을 보고 먼저 웃게 한다.

- 수행되면 영아의 특성에 맞는 적절한 강화제를 제공한다.

19 좋아하는 장난감에 관심 갖기 0~1세

목표 | 좋아하는 장난감에 관심을 가질 수 있다.
자료 | 소리 나는 장난감, 강화제

방법 ❶
- 교사가 예를 들어 좋아하는 장난감을 보고 손을 내미는 시범을 보인다.
- 영아에게 교사를 모방하여 좋아하는 장난감을 보고 손을 내밀게 한다.
- 수행되면 영아 스스로 좋아하는 장난감을 보고 손을 내밀게 한다.
- 수행되면 영아의 특성에 맞는 적절한 강화제를 제공한다.

방법 ❷
- 교사가 예를 들어 좋아하는 장난감을 보고 손을 내미는 시범을 보인다.
- 영아에게 교사를 모방하여 좋아하는 장난감을 보고 손을 내밀게 한다.
- 모방하지 못하면 교사가 영아의 손을 잡고 좋아하는 장난감에 손을 내밀게 해 준다.
- 교사가 영아의 손을 살짝 건드리며 영아에게 좋아하는 장난감을 보고 손을 내밀게 한다.
- 내밀지 못하면 교사가 영아의 손을 잡고 좋아하는 장난감에 손을 내미는 동작을 반복해 준다.
- 수행되면 교사가 영아가 좋아하는 장난감을 가리키며 영아에게 손을 내밀게 한다.
- 도움을 점차 줄여 간다.
- 수행되면 영아 스스로 좋아하는 장난감을 보고 손을 내밀게 한다.
- 수행되면 영아의 특성에 맞는 적절한 강화제를 제공한다.

20 상대방의 표정에 관계없이 웃기 0~1세

목표 | 상대방의 표정에 관계없이 웃을 수 있다.
자료 | 강화제

방법 ❶

- 성인을 모방하여 웃기 및 큰 소리로 웃기는 앞 단계에서 수행하였으므로 확인한 후 시행한다.
- 교사가 상대방의 표정에 관계없이 웃는 시범을 보인다.
- 영아에게 교사를 모방하여 상대방의 표정에 관계없이 웃게 한다.
- 수행되면 영아 스스로 상대방의 표정에 관계없이 웃게 한다.
- 수행되면 영아의 특성에 맞는 적절한 강화제를 제공한다.

방법 ❷

- 성인을 모방하여 웃기 및 큰 소리로 웃기는 앞 단계에서 수행하였으므로 확인한 후 시행한다.
- 교사가 예를 들어 다른 교사가 화를 내어도 상대방의 표정에 관계없이 웃는 시범을 보인다.
- 영아에게 교사를 모방하여 교사가 화를 내어도 상대방의 표정에 관계없이 웃게 한다.
- 모방하지 못하면 교사가 화를 내어도 영아를 살짝 간지럼 태워 상대방의 표정에 관계없이 웃게 해 준다.
- 웃지 못하면 교사가 화를 내어도 영아를 살짝 간지럼 태워 상대방의 표정에 관계없이 웃는 동작을 반복해 준다.
- 도움을 점차 줄여 간다.

- 수행되면 영아 스스로 상대방의 표정에 관계없이 웃게 한다.
- 수행되면 교사의 다른 표정(예: 우는 표정, 놀란 표정 등)에 관계없이 영아가 웃는 것도 같은 방법으로 지도한다.
- 수행되면 영아의 특성에 맞는 적절한 강화제를 제공한다.

21 낮선 사람에게 다르게 반응하기 [0~1세]

목표 | 낮선 사람에게 다르게 반응할 수 있다.

자료 | 강화제

방법 ❶

- 교사(유아)가 양육자에게는 안기려 하고 낯선 사람에게는 고개를 돌리는 시범을 보인다.
- 영아에게 교사(유아)를 모방하여 양육자에게는 안기려 하고 낯선 사람에게는 고개를 돌리게 한다.
- 수행되면 영아 스스로 양육자에게는 안기려 하고 낯선 사람에게는 고개를 돌리게 한다.
- 수행되면 영아의 특성에 맞는 적절한 강화제를 제공한다.

방법 ❷

- 교사(유아)가 양육자에게는 안기려 하고 낯선 사람에게는 고개를 돌리는 시범을 보인다.
- 영아에게 교사(유아)를 모방하여 양육자에게는 안기려 하고 낯선 사람에게는 고개를 돌리게 한다.
- 모방하지 못하면 교사가 영아의 팔을 잡아 양육자에게는 안기게 해 주고, 영아의

얼굴을 잡아 낯선 사람에게는 고개를 돌리게 해 준다.

- 교사가 영아의 팔을 잡아 양육자에게는 안기게 해 주고, 영아 스스로 낯선 사람에게는 고개를 돌리게 한다.
- 양육자와 낯선 사람에게 다르게 반응하지 못하면 교사가 영아의 팔을 잡아 양육자에게는 안기게 해 주고, 영아의 얼굴을 잡아 낯선 사람에게는 고개를 돌리는 동작을 반복해 준다.
- 도움을 점차 줄여 간다.
- 수행되면 영아 스스로 양육자에게는 안기려 하고 낯선 사람에게는 고개를 돌리게 한다.
- 수행되면 영아의 특성에 맞는 적절한 강화제를 제공한다.

22 장난감 따라 고개 움직이기 ［0~1세］

목표 ｜ 장난감을 따라 고개를 움직일 수 있다.
자료 ｜ 소리 나는 장난감, 강화제

방법 ❶

- 좋아하는 장난감에 관심 갖기는 앞 단계에서 수행하였으므로 확인한 후 시행한다.
- 교사가 장난감을 따라 고개를 움직이는 시범을 보인다.
- 영아에게 교사를 모방하여 장난감을 따라 고개를 움직이게 한다.
- 수행되면 영아 스스로 장난감을 따라 고개를 움직이게 한다.
- 수행되면 영아의 특성에 맞는 적절한 강화제를 제공한다.

- 수행되면 영아 스스로 낯선 사람을 꺼려 하거나 두려워하여 고개를 돌리게 한다.
- 수행되면 영아의 특성에 맞는 적절한 강화제를 제공한다.

25 웃거나 옹알이로 상호작용하기 `0~1세`

목표 │ 웃거나 옹알이로 상호작용할 수 있다.

자료 │ 강화제

방법 ❶

- 교사가 유아와 웃거나 옹알이로 상호작용하는 시범을 보인다.
- 영아에게 교사를 모방하여 웃거나 옹알이로 상호작용하게 한다.
- 수행되면 영아 스스로 웃거나 옹알이로 상호작용하게 한다.
- 수행되면 영아의 특성에 맞는 적절한 강화제를 제공한다.

방법 ❷

- 교사가 유아와 웃거나 옹알이로 상호작용하는 시범을 보인다.
- 영아에게 교사를 모방하여 웃거나 옹알이로 상호작용하게 한다.
- 모방하지 못하면 교사가 예를 들어 웃으면서 영아에게 겨드랑이를 살짝 간지럽혀 주며 웃게 하여 상호작용하게 해 준다.
- 하지 못하면 교사가 웃으면서 영아에게 겨드랑이를 살짝 간지럽혀 주며 웃게 하여 상호작용하는 행동을 반복해 준다.
- 도움을 점차 줄여 간다.
- 수행되면 영아 스스로 웃거나 옹알이로 상호작용하게 한다.
- 수행되면 영아의 특성에 맞는 적절한 강화제를 제공한다.

26 이름을 부르면 소리 내어 반응하기

목표 | 이름을 부르면 소리 내어 반응할 수 있다.

자료 | 강화제

방법 ❶

- 이름을 부르면 바라보기는 앞 단계에서 수행하였으므로 확인한 후 시행한다.
- 다른 교사가 교사의 이름을 부르면 소리 내어 반응하는 시범을 보인다.
- 영아에게 교사를 모방하여 영아의 이름을 부르면 소리 내어 반응하게 한다.
- 수행되면 교사가 영아의 이름을 부르면 영아 스스로 소리 내어 반응하게 한다.
- 수행되면 영아의 특성에 맞는 적절한 강화제를 제공한다.

방법 ❷

- 이름을 부르면 바라보기는 앞 단계에서 수행하였으므로 확인한 후 시행한다.
- 다른 교사가 교사의 이름을 부르면 소리 내어 반응하는 시범을 보인다.
- 영아에게 교사를 모방하여 영아의 이름을 부르면 소리 내어 반응하게 한다.
- 모방하지 못하면 교사가 영아의 이름을 부른 후, 예를 들어 영아의 입을 손으로 막았다 뗐다 하면서 "아, 아, 아, 아." 소리를 내어 반응하게 해 준다.
- 교사가 영아의 이름을 부른 후 "아, 아." 소리를 두 번 정도 내 준 후 영아에게 "아, 아, 아, 아." 소리를 내어 반응하게 한다.
- 내지 못하면 교사가 영아의 이름을 부른 후 입을 손으로 막았다 뗐다 하면서 "아, 아, 아, 아." 소리를 내어 반응하는 행동을 반복해 준다.
- 도움을 점차 줄여 간다.
- 수행되면 교사가 영아의 이름을 부르면 영아 스스로 소리 내어 반응하게 한다.
- 수행되면 영아의 특성에 맞는 적절한 강화제를 제공한다.

27 친숙한 사람에게 안아 달라고 팔 벌리기   1~2세

목표 | 친숙한 사람에게 안아 달라고 팔을 벌릴 수 있다.

자료 | 강화제

방법 ❶

- 교사가 친숙한 사람에게 안아 달라고 팔을 벌리는 시범을 보인다.
- 영아에게 교사를 모방하여 친숙한 사람에게 안아 달라고 팔을 벌리게 한다.
- 수행되면 영아 스스로 친숙한 사람에게 안아 달라고 팔을 벌리게 한다.
- 수행되면 영아의 특성에 맞는 적절한 강화제를 제공한다.

방법 ❷

- 교사가 친숙한 사람에게 안아 달라고 팔을 벌리는 시범을 보인다.
- 영아에게 교사를 모방하여 친숙한 사람에게 안아 달라고 팔을 벌리게 한다.
- 모방하지 못하면 교사가 영아의 팔을 잡아 친숙한 사람에게 안아 달라고 팔을 벌리게 해 준다.
- 교사가 영아의 팔을 살짝 잡아 친숙한 사람에게 안아 달라고 팔을 벌리게 해 준다.
- 벌리지 못하면 교사가 영아의 팔을 잡아 친숙한 사람에게 안아 달라고 팔을 벌리는 동작을 반복해 준다.

49

- 교사가 친숙한 사람을 가리키며 영아에게 안아 달라고 팔을 벌리게 한다.
- 도움을 점차 줄여 간다.
- 수행되면 영아 스스로 친숙한 사람에게 안아 달라고 팔을 벌리게 한다.
- 수행되면 영아의 특성에 맞는 적절한 강화제를 제공한다.

28 **장난감을 흔들어 소리 내는 행동 모방하기**

목표 | 장난감을 흔들어 소리를 내는 행동을 모방할 수 있다.
자료 | 소리 나는 장난감, 강화제

방법 ❶

- 교사가 장난감(예: 딸랑이)을 흔들어 소리를 내는 시범을 보인다.
- 영아에게 교사를 모방하여 장난감을 흔들어 소리를 내게 한다.
- 수행되면 영아 스스로 교사를 모방하여 장난감을 흔들어 소리를 내게 한다.
- 수행되면 영아의 특성에 맞는 적절한 강화제를 제공한다.

방법 ❷

- 교사가 예를 들어 딸랑이를 흔들어 소리를 내는 시범을 보인다.
- 영아에게 교사를 모방하여 딸랑이를 흔들어 소리를 내게 한다.
- 모방하지 못하면 교사가 영아의 손을 잡고 교사를 모방하여 딸랑이를 흔들어 소리를 내게 해 준다.
- 교사가 영아의 손목을 잡아 준 후 영아에게 교사를 모방하여 딸랑이를 흔들어 소리를 내게 해 준다.
- 내지 못하면 교사가 영아의 손을 잡고 교사를 모방하여 딸랑이를 흔들어 소리를 내는 동작을 반복해 준다.
- 도움을 점차 줄여 간다.
- 수행되면 영아 스스로 교사를 모방하여 딸랑이를 흔들어 소리를 내게 한다.
- 수행되면 영아의 특성에 맞는 적절한 강화제를 제공한다.

29 즐거운 표정이나 불쾌한 표정 짓기 1~2세

목표 | 즐거운 표정이나 불쾌한 표정을 지을 수 있다.

자료 | 강화제

방법 ❶

- 교사가 즐거운 표정이나 불쾌한 표정을 짓는 시범을 보인다.
- 영아에게 교사를 모방하여 즐거운 표정이나 불쾌한 표정을 짓게 한다.
- 수행되면 영아 스스로 즐거운 표정이나 불쾌한 표정을 짓게 한다.
- 수행되면 영아의 특성에 맞는 적절한 강화제를 제공한다.

방법 ❷

- 교사가 예를 들어 유아가 가지고 노는 장난감을 빼앗으면 유아가 찡그리는 표정을 짓는 시범을 보인다.
- 교사가 영아가 가지고 노는 장난감을 빼앗을 때 영아에게 유아를 모방하여 찡그리는 표정을 짓게 한다.
- 모방하지 못하면 교사가 영아가 가지고 노는 장난감을 빼앗은 후 손으로 찡그린 영아의 얼굴 표정을 만들어 주며 찡그린 표정을 짓게 해 준다.
- 짓지 못하면 교사가 영아가 가지고 노는 장난감을 빼앗은 후 손으로 찡그린 영아의 얼굴 표정을 만들어 주며 찡그린 표정을 짓는 동작을 반복해 준다.
- 도움을 점차 줄여 간다.
- 수행되면 교사가 영아가 가지고 노는 장난감을 빼앗을 때 영아 스스로 찡그리는 표정을 짓게 한다.
- 수행되면 즐거운 표정을 짓는 것도 찡그린 표정을 지도한 것과 같은 방법으로 지도한다.
- 수행되면 영아의 특성에 맞는 적절한 강화제를 제공한다.

30 다른 영아에게 관심 갖기   1~2세

목표 | 다른 영아에게 관심을 가질 수 있다.

자료 | 강화제

방법 ❶

- 교사가 다른 영아에게 관심(예: 쳐다보기, 웃기 등)을 갖는 시범을 보인다.
- 영아에게 교사를 모방하여 다른 영아에게 관심을 가지게 한다.
- 수행되면 영아 스스로 다른 영아에게 관심을 가지게 한다.
- 수행되면 영아의 특성에 맞는 적절한 강화제를 제공한다.

방법 ❷

- 교사가 예를 들어 다른 영아에게 관심을 가지고 쳐다보는 시범을 보인다.
- 영아에게 교사를 모방하여 다른 영아에게 관심을 가지고 쳐다보게 한다.
- 모방하지 못하면 교사가 손으로 영아의 얼굴을 돌려 다른 영아에게 관심을 가지고 쳐다보게 해 준다.
- 교사가 손으로 영아의 얼굴을 살짝 돌려 주며 영아에게 다른 영아를 쳐다보게 한다.
- 쳐다보지 못하면 교사가 손으로 영아의 얼굴을 돌려 다른 영아에게 관심을 가지고 쳐다보게 하는 동작을 반복해 준다.
- 수행되면 교사가 다른 영아를 가리키며 영아에게 관심을 가지고 쳐다보게 한다.
- 도움을 점차 줄여 간다.
- 수행되면 영아 스스로 다른 영아에게 관심을 가지고 쳐다보게 한다.
- 수행되면 영아의 특성에 맞는 적절한 강화제를 제공한다.

31 음악과 리듬에 즐거운 표정 짓기 1~2세

목표 | 음악과 리듬에 즐거운 표정을 지을 수 있다.

자료 | 카세트, 강화제

방법 ❶

- 교사가 예를 들어 동요를 틀어 놓고 즐거운 표정(웃기, 미소 등)을 짓는 시범을 보인다.
- 교사가 동요를 들려줄 때 영아에게 교사를 모방하여 즐거운 표정을 짓게 한다.
- 수행되면 교사가 동요를 들려줄 때 영아 스스로 즐거운 표정을 짓게 한다.
- 수행되면 영아의 특성에 맞는 적절한 강화제를 제공한다.

방법 ❷

- 교사가 예를 들어 동요를 틀어 놓고 즐거운 표정(웃기, 미소 등)을 짓는 시범을 보인다.
- 교사가 동요를 들려줄 때 영아에게 교사를 모방하여 즐거운 표정을 짓게 한다.
- 모방하지 못하면 교사가 동요를 틀어 놓고 즐거운 표정을 지으며 영아의 겨드랑이를 간지럽혀 즐거운 표정을 짓게 해 준다.
- 짓지 못하면 교사가 동요를 틀어 놓고 즐거운 표정을 지으며 영아의 겨드랑이를 간지럽혀 즐거운 표정을 짓는 동작을 반복해 준다.
- 도움을 점차 줄여 간다.
- 수행되면 교사가 동요를 들려줄 때 영아 스스로 즐거운 표정을 짓게 한다.
- 수행되면 영아의 특성에 맞는 적절한 강화제를 제공한다.

32 행동을 저지하면 멈추기 1~2세

목표 | 성인이 행동을 저지하면 멈출 수 있다.

자료 | 영아가 좋아하는 장난감 혹은 물건 등, 강화제

방법 ❶

- 교사가 다른 교사가 행동을 저지(예: 안 돼요. 멈춰요)하면 멈추는 시범을 보인다.
- 영아가 예를 들어 장난감을 만지려고 할 때 교사가 "안 돼요."라고 하면 교사를 모방하여 행동을 멈추게 한다.
- 수행되면 영아가 장난감을 만지려고 할 때 교사가 "안 돼요."라고 하면 영아 스스로 행동을 멈추게 한다.
- 수행되면 영아의 특성에 맞는 적절한 강화제를 제공한다.

방법 ❷

- 유아가 예를 들어 딸랑이를 만지려 할 때 교사가 "안 돼요."라고 하면 유아가 행동을 멈추는 시범을 보인다.
- 영아가 딸랑이를 만지려 할 때 교사가 "안 돼요."라고 하면 영아가 유아를 모방하여 행동을 멈추게 한다.
- 모방하지 못하면 영아가 딸랑이를 만지려 할 때 교사가 영아의 손을 잡고 딸랑이를 만지려는 행동을 멈추게 해 준다.
- 영아가 딸랑이를 만지려 할 때 교사가 "안 돼요."라고 말하면서 영아의 손을 교사의 손으로 가로막으며 행동을 멈추게 해 준다.
- 멈추지 못하면 영아가 딸랑이를 만지려 할 때 교사가 영아의 손을 잡고 딸랑이를 만지려는 행동을 멈추게 하는 동작을 반복해 준다.
- 수행되면 영아가 딸랑이를 만지려 할 때 교사가 팔을 엑스 자로 겹치며 "안 돼요."

라고 말하면서 영아에게 행동을 멈추게 해 준다.

• 도움을 점차 줄여 간다.

• 수행되면 영아가 딸랑이를 만지려 할 때 교사가 "안 돼요."라고 하면 영아 스스로 행동을 멈추게 한다.

• 수행되면 영아의 특성에 맞는 적절한 강화제를 제공한다.

☞ 장난감 대신 영아가 좋아하는 강화제를 놓고 행동을 멈추게 지도해도 효과적이다.

☞ 수행되면 위험한 물건이나 영아가 건드리시 말아야 할 물건을 앞에 놓고 "안 돼요."라고 말하면서 행동을 멈추도록 지도하면 안전사고를 예방하는 데 도움이 된다.

33 장난감 쥐고 살펴보기 1~2세

목표 | 장난감을 쥐고 살펴볼 수 있다.

자료 | 장난감, 강화제

방법 ❶

- 장난감을 따라 고개 움직이기는 앞 단계에서 수행하였으므로 확인한 후 시행한다.
- 교사가 장난감을 쥐고 살펴보는 시범을 보인다.
- 영아에게 교사를 모방하여 장난감을 쥐고 살펴보게 한다.
- 수행되면 영아 스스로 장난감을 쥐고 살펴보게 한다.
- 수행되면 영아의 특성에 맞는 적절한 강화제를 제공한다.

방법 ❷

- 장난감을 따라 고개 움직이기는 앞 단계에서 수행하였으므로 확인한 후 시행한다.
- 교사가 장난감을 쥐고 살펴보는 시범을 보인다.
- 영아에게 교사를 모방하여 장난감을 쥐고 살펴보게 한다.
- 모방하지 못하면 교사가 영아의 손을 잡고 장난감을 쥐고 살펴보게 해 준다.
- 교사가 영아의 손을 장난감 가까이 대 준 후 영아에게 장난감을 쥐고 살펴보게 한다.
- 살펴보지 못하면 교사가 영아의 손을 잡고 장난감을 쥐고 살펴보는 동작을 반복해 준다.
- 도움을 점차 줄여 간다.
- 수행되면 영아 스스로 장난감을 쥐고 살펴보게 한다.
- 수행되면 영아의 특성에 맞는 적절한 강화제를 제공한다.

34 숨겨진 물건 찾기

목표 | 숨겨진 물건을 찾을 수 있다.
자료 | 장난감, 손수건, 강화제

방법 ❶

- 교사가 예를 들어 영아와 떨어진 곳에서 딸랑이를 흔들고 있다가 영아가 기어 오면 딸랑이를 손수건으로 가린 후 교사가 손수건을 집어 딸랑이를 찾는 시범을 보인다.

- 교사가 영아와 떨어진 곳에서 딸랑이를 흔들고 있다가 영아가 기어 오면 딸랑이를 손수건으로 가린 후 영아에게 교사를 모방하여 손수건을 집어 딸랑이를 찾게 한다.

- 수행되면 교사가 영아와 떨어진 곳에서 딸랑이를 흔들고 있다가 영아가 기어 오면 딸랑이를 손수건으로 가린 후 영아 스스로 손수건을 집어 딸랑이를 찾게 한다.

- 수행되면 영아의 특성에 맞는 적절한 강화제를 제공한다.

방법 ❷

- 교사가 예를 들어 영아와 떨어진 곳에서 딸랑이를 흔들고 있다가 영아가 기어 오면 딸랑이를 손수건으로 가린 후 교사가 손수건을 집어 딸랑이를 찾는 시범을 보인다.

- 교사가 영아와 떨어진 곳에서 딸랑이를 흔들고 있다가 영아가 기어 오면 딸랑이를 손수건으로 가린 후 영아에게 교사를 모방하여 손수건을 집어 딸랑이를 찾게 한다.

- 모방하지 못하면 교사가 영아와 떨어진 곳에서 딸랑이를 흔들고 있다가 영아가 기어 오면 딸랑이를 손수건으로 가린 후 영아의 손을 잡고 손수건을 집어 딸랑이

를 찾게 해 준다.

- 교사가 영아와 떨어진 곳에서 딸랑이를 흔들고 있다가 영아가 기어 오면 딸랑이를 손수건으로 가린 후 교사가 영아의 손을 손수건에 대 준 다음 딸랑이를 찾게 한다.
- 찾지 못하면 교사가 영아와 떨어진 곳에서 딸랑이를 흔들고 있다가 영아가 기어 오면 딸랑이를 손수건으로 가린 후 영아의 손을 잡고 손수건을 집어 딸랑이를 찾는 동작을 반복해 준다.
- 수행되면 교사가 영아와 떨어진 곳에서 딸랑이를 흔들고 있다가 영아가 기어 오면 딸랑이를 손수건으로 가린 후 교사가 손수건을 가리키며 영아에게 손수건을 집어 딸랑이를 찾게 한다.
- 도움을 점차 줄여 간다.
- 수행되면 교사가 영아와 떨어진 곳에서 딸랑이를 흔들고 있다가 영아가 기어 오면 딸랑이를 손수건으로 가린 후 영아 스스로 손수건을 집어 딸랑이를 찾게 한다.
- 수행되면 영아의 특성에 맞는 적절한 강화제를 제공한다.

☞ 영아가 좋아하는 장난감을 영아 앞에서 흔든 후 손수건이나 보자기 밑에 숨기고 영아에게 손수건이나 보자기를 끌어당겨 장난감을 찾게 지도해도 무방하다.

목표 | 친숙한 사람에게 다가갈 수 있다.
자료 | 강화제

방법 ❶

- 교사가 예를 들어 1m 떨어진 곳에 있는 유아에게 팔을 내밀면 유아(다른 영아)가 교사에게 다가가는 시범을 보인다.
- 교사가 1m 떨어진 곳에 영아를 앉혀 놓거나 세워 놓은 후 영아가 유아(다른 영아)를 모방하여 친숙한 교사에게 다가가게 한다.
- 수행되면 교사가 1m 떨어진 곳에 영아를 앉혀 놓거나 세워 놓았을 때 영아 스스로 친숙한 교사에게 다가가게 한다.
- 수행되면 영아의 특성에 맞는 적절한 강화제를 제공한다.

방법 ❷

- 교사가 예를 들어 1m 떨어진 곳에 있는 유아에게 팔을 내밀면 유아(다른 영아)가 교사에게 다가가는 시범을 보인다.
- 교사가 1m 떨어진 곳에 영아를 앉혀 놓거나 세워 놓은 후 영아가 유아(다른 영아)를 모방하여 친숙한 교사에게 다가가게 한다.
- 모방하지 못하면 교사가 1m 떨어진 곳에 있는 영아에게 팔을 내밀면 다른 교사가 영아의 손을 잡고 친숙한 교사에게 다가가게 해 준다.
- 교사가 영아를 교사 가까이 앉혀 놓거나 세워 놓은 후 팔을 내밀면 교사에게 다가가게 해 준다.
- 다가가지 못하면 교사가 1m 떨어진 곳에 있는 영아에게 팔을 내밀면 다른 교사가 영아의 손을 잡고 친숙한 교사에게 다가가는 동작을 반복해 준다.

- 수행되면 교사가 300m 떨어진 곳에 영아를 앉혀 놓거나 세워 놓은 후 팔을 내밀며 영아에게 다가오라고 한다.
- 수행되면 교사가 500m 떨어진 곳에 영아를 앉혀 놓거나 세워 놓은 후 팔을 내밀며 영아에게 다가오라고 한다.
- 수행되면 교사가 700m 떨어진 곳에 영아를 앉혀 놓거나 세워 놓은 후 팔을 내밀며 영아에게 다가오라고 한다.
- 도움을 점차 줄여 간다.
- 수행되면 교사가 1m 떨어진 곳에 영아를 앉혀 놓거나 세워 놓았을 때 영아 스스로 친숙한 교사에게 다가가게 한다.
- 수행되면 영아의 특성에 맞는 적절한 강화제를 제공한다.

☞ 영아가 걸을 수 있는 경우에는 걸어서 친숙한 사람에게 다가가도록 지도하고, 걷지 못하는 경우에는 기어서 친숙한 사람에게 다가가도록 지도하면 된다.

36 모든 사물에 관심 갖기 1~2세

목표 | 모든 사물에 관심을 가질 수 있다.
자료 | 다양한 사물, 강화제

방법 ❶
- 교사가 다양한 사물을 쳐다보며 관심을 가지는 시범을 보인다.
- 영아에게 교사를 모방하여 다양한 사물을 쳐다보며 관심을 가지게 한다.
- 수행되면 영아 스스로 다양한 사물을 쳐다보며 관심을 가지게 한다.
- 수행되면 영아의 특성에 맞는 적절한 강화제를 제공한다.

- 교사가 다양한 사물을 쳐다보며 관심을 가지는 시범을 보인다.
- 영아에게 교사를 모방하여 다양한 사물을 쳐다보며 관심을 가지게 한다.
- 모방하지 못하면 교사가 다양한 사물을 펼쳐 놓고 각 사물을 쳐다볼 수 있도록 영아의 고개를 돌려 주며 사물에 관심을 가지게 해 준다.
- 교사가 다양한 사물 중 예를 들어 소리가 나는 장난감을 흔들어 영아가 쳐다보며 관심을 가질 수 있도록 해 준다.
- 쳐다보지 못하면 교사가 다양한 사물을 펼쳐 놓고 각 사물을 쳐다볼 수 있도록 영아의 고개를 돌려 주며 사물에 관심을 가질 수 있도록 반복해 준다.
- 도움을 점차 줄여 간다.
- 수행되면 영아 스스로 다양한 사물을 쳐다보며 관심을 가지게 한다.
- 수행되면 영아의 특성에 맞는 적절한 강화제를 제공한다.

37 기본 정서 표현하기 1~2세

목표 | 기본 정서를 표현할 수 있다.

자료 | 강화제

방법 ❶

- 교사가 기본 정서(예: 기쁨, 두려움, 슬픔 등)를 표현하는 시범을 보인다.
- 영아에게 교사를 모방하여 기본 정서를 표현하게 한다.
- 수행되면 영아 스스로 기본 정서를 표현하게 한다.
- 수행되면 영아의 특성에 맞는 적절한 강화제를 제공한다.

방법 ❷

- 교사가 예를 들어 "하, 하, 하." 웃으며 기쁨을 표현하는 시범을 보인다.
- 영아에게 교사를 모방하여 "하, 하, 하." 웃으며 기쁨을 표현하게 한다.
- 모방하지 못하면 교사가 영아의 겨드랑이를 간지럽히며 영아에게 교사를 모방하여 "하, 하, 하." 웃으며 기쁨을 표현하게 해 준다.
- 표현하지 못하면 교사가 영아의 겨드랑이를 간지럽히며 영아에게 교사를 모방하여 "하, 하, 하." 웃으며 기쁨을 표현하는 동작을 반복해 준다.
- 도움을 점차 줄여 간다.
- 수행되면 영아 스스로 "하, 하, 하." 웃으며 기쁨을 표현하게 한다.
- 수행되면 다른 기본 정서를 표현하는 것도 기쁨을 표현하게 지도한 것과 같은 방법으로 지도한다.
- 수행되면 영아의 특성에 맞는 적절한 강화제를 제공한다.

38 거울 속의 자기 모습에 관심 갖기 　1~2세

목표 | 거울 속의 자기 모습에 관심을 가질 수 있다.
자료 | 거울, 강화제

방법 ❶

- 교사가 거울 속의 자기 모습에 관심(웃거나 옹알거리기)을 가지는 시범을 보인다.
- 영아에게 교사를 모방하여 거울 속의 자기 모습에 관심을 가지게 한다.
- 수행되면 영아 스스로 거울 속의 자기 모습에 관심을 가지게 한다.
- 수행되면 영아의 특성에 맞는 적절한 강화제를 제공한다.

방법 ❷

- 교사가 예를 들어 거울 속에 있는 자신의 모습을 보고 웃는 시범을 보인다.
- 영아에게 교사를 모방하여 거울 속에 있는 자신의 모습을 보고 웃게 한다.
- 모방하지 못하면 교사가 영아의 겨드랑이를 간지럽히며 거울 속에 있는 자신의 모습을 보고 웃게 해 준다.
- 웃지 못하면 교사가 영아의 겨드랑이를 간지럽히며 거울 속에 있는 자신의 모습을 보고 웃는 동작을 반복해 준다.
- 도움을 점차 줄여 간다.
- 수행되면 영아 스스로 거울 속에 있는 자신의 모습을 보고 웃게 한다.
- 수행되면 거울 속의 자기 모습에 관심(예: 웅얼거리기)을 가지는 다른 행동도 같은 방법으로 지도한다.
- 수행되면 영아의 특성에 맞는 적절한 강화제를 제공한다.

39 좋아하는 동작 반복하기 1~2세

목표 | 좋아하는 동작을 반복할 수 있다.

자료 | 매트, 강화제

방법 ❶

- 교사가 매트에 영아를 앉혀 놓고 영아가 좋아하는 동작(예: 손뼉치기, 빠이빠이하기 등)을 반복하는 시범을 보인다.
- 영아에게 교사를 모방하여 영아가 좋아하는 동작을 반복하게 한다.
- 수행되면 영아 스스로 좋아하는 동작을 반복하게 한다.
- 수행되면 영아의 특성에 맞는 적절한 강화제를 제공한다.

방법 ❷

- 교사가 매트에 영아를 앉혀 놓고 영아가 좋아하는 동작(예: 손뼉치기, 빠이빠이하기 등)을 반복하는 시범을 보인다.
- 영아에게 교사를 모방하여 영아가 좋아하는 동작을 반복하게 한다.
- 모방하지 못하면 교사가 영아의 손을 잡고 좋아하는 동작을 반복하게 해 준다.
- 교사가 영아가 좋아하는 동작을 같이 하다가 영아에게 좋아하는 동작을 반복하게 한다.
- 하지 못하면 교사가 영아의 손을 잡고 좋아하는 동작을 반복해 준다.
- 도움을 점차 줄여 간다.
- 수행되면 영아 스스로 좋아하는 동작을 반복하게 한다.
- 수행되면 영아의 특성에 맞는 적절한 강화제를 제공한다.

40 성인의 안경 만지기 1~2세

목표 | 성인의 안경을 만질 수 있다.

자료 | 안경, 강화제

방법 ❶

- 교사가 다른 교사의 안경을 만지는 시범을 보인다.
- 영아에게 교사를 모방하여 교사의 안경을 만져 보게 한다.
- 수행되면 영아 스스로 교사의 안경을 만져 보게 한다.
- 수행되면 영아의 특성에 맞는 적절한 강화제를 제공한다.

방법 ❷

- 교사가 다른 교사의 안경을 만지는 시범을 보인다.
- 영아에게 교사를 모방하여 교사의 안경을 만져 보게 한다.
- 모방하지 못하면 교사가 영아의 손을 잡고 교사의 안경을 만져 보게 해 준다.
- 교사가 영아의 손을 교사의 안경 가까이 대 준 후 안경을 만져 보게 한다.
- 만지지 못하면 교사가 영아의 손을 잡고 교사의 안경을 만져 보는 동작을 반복해 준다.
- 수행되면 교사가 교사의 안경을 가리키며 영아에게 만져 보게 한다.
- 도움을 점차 줄여 간다.
- 수행되면 영아 스스로 교사의 안경을 만져 보게 한다.
- 수행되면 영아의 특성에 맞는 적절한 강화제를 제공한다.

성인에게 장난감이나 물건 건네기

목표 | 성인에게 장난감이나 물건을 건네줄 수 있다.
자료 | 장난감, 다양한 물건, 강화제

방법 ❶

- 교사가 다른 교사에게 장난감이나 물건을 건네는 시범을 보인다.
- 영아에게 교사를 모방하여 교사에게 장난감이나 물건을 건네게 한다.
- 수행되면 영아 스스로 교사에게 장난감이나 물건을 건네게 한다.
- 수행되면 영아의 특성에 맞는 적절한 강화제를 제공한다.

방법 ❷

- 교사가 다른 교사에게 장난감이나 물건을 건네는 시범을 보인다.
- 영아에게 교사를 모방하여 교사에게 장난감이나 물건을 건네게 한다.
- 모방하지 못하면 교사가 영아의 손을 잡고 교사에게 장난감이나 물건을 건네게 해 준다.
- 교사가 영아의 손에 장난감이나 물건을 쥐어 준 후 교사에게 장난감이나 물건을 건네게 한다.
- 건네지 못하면 교사가 영아의 손을 잡고 교사에게 장난감이나 물건을 건네는 동작을 반복해 준다.
- 수행되면 교사가 영아의 손을 장난감이나 물건 가까이 대 준 후 교사에게 장난감이나 물건을 건네게 한다.
- 수행되면 교사의 손에 영아가 좋아하는 강화제를 놓은 후 교사에게 장난감이나 물건을 건네며 강화제를 가져가게 한다.
- 도움을 점차 줄여 간다.

- 수행되면 영아 스스로 교사에게 장난감이나 물건을 건네게 한다.
- 수행되면 영아의 특성에 맞는 적절한 강화제를 제공한다.

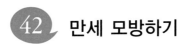

42 만세 모방하기

목표 | 만세를 모방할 수 있다.

자료 | 강화제

방법 ❶

- 교사가 "오~른손 올~려 ♫ 예쁘게 올~려 ♫ 까딱까딱 ♫ 손~목 춤추자 ♫ 왼~손 올~려 ♫ 예쁘게 올~려 ♫ 손~목 춤추자 ♫"라고 노래를 부르며 오른손과 왼손을 올려 만세를 하는 시범을 보인다.
- 영아에게 교사를 모방하여 만세를 하게 한다.
- 수행되면 영아 스스로 교사를 모방하여 만세를 하게 한다.
- 수행되면 영아의 특성에 맞는 적절한 강화제를 제공한다.

방법 ❷

- 교사가 "오~른손 올~려 ♫ 예쁘게 올~려 ♫ 까딱까딱 ♫ 손~목 춤추자 ♫"라고 노래를 부르며 왼손(팔)을 올리는 시범을 보인다.
- 영아에게 교사를 모방하여 오른손(팔)을 올려 보게 한다.
- 모방하지 못하면 교사가 영아의 오른손을 잡고 교사를 모방하여 올려 준다.
- 교사가 영아의 오른손에 교사의 손을 살짝 대 준 후 영아에게 교사를 모방하여 오른손을 올리게 한다.
- 올리지 못하면 교사가 영아의 오른손을 잡고 교사를 모방하여 오른손을 올리는 동작을 반복해 준다.
- 도움을 점차 줄여 간다.
- 수행되면 영아 스스로 교사를 모방하여 오른손을 올리게 한다.
- 수행되면 교사가 라고 "왼~손 올~려 ♫ 예쁘게 올~려 ♫ 손~목 춤추자 ♫"라

고 노래를 부르며 오른손(팔)을 올리는 시범을 보인다.

• 영아에게 교사를 모방하여 왼손을 올려 보게 한다.

• 모방하지 못하면 교사가 영아의 손을 잡고 교사를 모방하여 왼손을 올려 준다.

• 교사가 영아의 왼손에 교사의 손을 살짝 대 준 후 영아에게 교사를 모방하여 왼손을 올리게 한다.

• 올리지 못하면 교사가 영아의 손을 잡고 교사를 모방하여 왼손을 올리는 동작을 반복해 준다.

• 도움을 점차 줄여 간다.

• 수행되면 영아 스스로 교사를 모방하여 왼손을 올리게 한다.

• 수행되면 영아의 특성에 맞는 적절한 강화제를 제공한다.

☞ 영아와 마주 보고 지도할 때는 방향에 대한 부분을 반드시 인식하고 지도해야 한다. 즉, 교사와 영아가 보는 방향이 반대 방향(예: 교사가 오른쪽 손을 사용할 경우 영아가 볼 때는 왼손임)이 된다는 사실을 유념하도록 해야 한다.

1~2
세

성인이 유도하는 놀이에 참여하기

목표 | 성인이 유도하는 놀이에 참여할 수 있다.
자료 | 큰 블록, 강화제

방법 ❶

- 교사가 예를 들어 큰 블록을 가지고 미는 시범을 보인다.
- 교사가 큰 블록을 밀면 영아에게 교사를 모방하여 큰 블록을 밀어 보게 한다.
- 수행되면 교사가 큰 블록을 밀면 영아 스스로 큰 블록을 밀어 보게 한다.
- 수행되면 영아의 특성에 맞는 적절한 강화제를 제공한다.

방법 ❷

- 교사가 예를 들어 큰 블록을 가지고 미는 시범을 보인다.
- 교사가 큰 블록을 밀면 영아에게 교사를 모방하여 큰 블록을 밀어 보게 한다.
- 모방하지 못하면 교사가 큰 블록을 민 후 영아의 손을 잡고 큰 블록을 밀어 준다.
- 교사가 큰 블록을 민 후 영아의 손을 큰 블록에 대 준 다음 영아에게 큰 블록을 밀어 보게 한다.
- 밀지 못하면 교사가 큰 블록을 민 후 영아의 손을 잡고 큰 블록을 미는 동작을 반복해 준다.
- 교사가 큰 블록을 민 후 영아의 손을 큰 블록 가까이 대 준 다음 영아에게 큰 블록을 밀어 보게 한다.
- 수행되면 교사가 큰 블록을 민 후 큰 블록을 가리키며 영아에게 큰 블록을 밀어 보게 한다.
- 도움을 점차 줄여 간다.
- 수행되면 교사가 큰 블록을 밀면 영아 스스로 큰 블록을 밀어 보게 한다.

• 수행되면 영아의 특성에 맞는 적절한 강화제를 제공한다.

44 여러 가지 표정에 반응하기 1~2세

목표 | 여러 가지 표정에 반응할 수 있다.

자료 | 강화제

방법 ❶

• 교사가 여러 가지 표정에 반응하는 시범을 보인다.
• 영아에게 교사를 모방하여 여러 가지 표정에 반응하게 한다.
• 수행되면 영아 스스로 여러 가지 표정에 반응하게 한다.
• 수행되면 영아의 특성에 맞는 적절한 강화제를 제공한다.

방법 ❷

• 교사가 예를 들어 화난 표정을 지으면 유아가 교사의 표정을 보고 시무룩한(우는) 표정을 짓는 시범을 보인다.
• 영아에게 유아를 모방하여 교사가 화난 표정을 지으면 영아가 교사의 표정을 보고 시무룩한 표정을 짓게 한다.
• 모방하지 못하면 교사가 손으로 영아의 입을 잡아 입 꼬리를 내려 주며 시무룩한 표정을 짓게 해 준다.
• 짓지 못하면 교사가 손으로 영아의 입을 잡아 입 꼬리를 내려 주며 시무룩한 표정을 짓는 동작을 반복해 준다.
• 도움을 점차 줄여 간다.
• 수행되면 교사가 화난 표정을 지을 때 영아 스스로 교사의 표정을 보고 시무룩한 표정을 짓게 한다.

- 수행되면 교사가 다른 표정을 지을 때도 화난 표정에 반응한 것을 지도한 것과 같은 방법으로 지도한다.
- 수행되면 영아의 특성에 맞는 적절한 강화제를 제공한다.

45 반복하여 큰 소리로 웃기

목표 | 반복하여 큰 소리로 웃을 수 있다.

자료 | 강화제

방법 ❶

- 큰 소리로 웃기는 앞 단계에서 수행하였으므로 확인한 후 시행한다.
- 교사가 반복하여 큰 소리로 웃는 시범을 보인다.
- 영아에게 교사를 모방하여 반복하여 큰 소리로 웃게 한다.
- 수행되면 영아 스스로 반복하여 큰 소리로 웃게 한다.
- 수행되면 영아의 특성에 맞는 적절한 강화제를 제공한다.

방법 ❷

- 큰 소리로 웃기는 앞 단계에서 수행하였으므로 확인한 후 시행한다.
- 교사가 반복하여 큰 소리로 웃는 시범을 보인다.
- 영아에게 교사를 모방하여 반복하여 큰 소리로 웃게 한다.
- 모방하지 못하면 교사가 영아를 살짝 간지럼 태우며 반복하여 큰 소리로 웃게 해 준다.
- 교사가 반복하여 큰 소리로 웃는 얼굴을 영아 얼굴 가까이 대 준 후 영아에게 반복하여 큰 소리로 웃게 한다.
- 큰 소리로 웃지 못하면 교사가 영아를 살짝 간지럼 태우며 반복하여 큰 소리로 웃는 것을 반복해 준다.
- 도움을 점차 줄여 간다.
- 수행되면 영아 스스로 반복하여 큰 소리로 웃게 한다.
- 수행되면 영아의 특성에 맞는 적절한 강화제를 제공한다.

46 혼자서 친숙한 방 돌아다니기

목표 | 혼자서 친숙한 방을 돌아다닐 수 있다.

자료 | 강화제

방법 ❶

- 교사가 혼자서 친숙한 방을 돌아다니는 시범을 보인다.
- 영아에게 교사를 모방하여 혼자서 친숙한 방을 돌아다니게 한다.
- 수행되면 영아 스스로 혼자서 친숙한 방을 돌아다니게 한다.
- 수행되면 영아의 특성에 맞는 적절한 강화제를 제공한다.

방법 ❷

- 교사가 혼자서 친숙한 방을 돌아다니는 시범을 보인다.
- 영아에게 교사를 모방하여 혼자서 친숙한 방을 돌아다니게 한다.
- 모방하지 못하면 교사가 영아의 손을 잡고 친숙한 방을 돌아다녀 준다.
- 교사가 영아의 손을 잡고 친숙한 방을 돌아다니다 영아 혼자 돌아다니게 한다.
- 다니지 못하면 교사가 영아의 손을 잡고 친숙한 방을 돌아다니다 혼자 돌아다니는 것을 반복해 준다.
- 도움을 점차 줄여 간다.
- 수행되면 영아 스스로 혼자서 친숙한 방을 돌아다니게 한다.
- 수행되면 영아의 특성에 맞는 적절한 강화제를 제공한다.

성인의 머리카락 잡아당기기

목표 | 성인의 머리카락을 잡아당길 수 있다.

자료 | 강화제

방법 ❶

- 교사가 다른 교사의 머리카락을 잡아당기는 시범을 보인다.
- 영아에게 교사를 모방하여 교사의 머리카락을 잡아당기게 한다.
- 수행되면 영아 스스로 교사의 머리카락을 잡아당기게 한다.
- 수행되면 영아의 특성에 맞는 적절한 강화제를 제공한다.

방법 ❷

- 교사가 다른 교사의 머리카락을 잡아당기는 시범을 보인다.
- 영아에게 교사를 모방하여 교사의 머리카락을 잡아당기게 한다.
- 모방하지 못하면 교사가 영아의 손을 잡고 교사의 머리카락을 잡아당기게 해 준다.
- 교사가 영아의 손에 교사의 머리카락을 쥐어 준 후 영아에게 교사의 머리카락을 잡아당기게 한다.
- 당기지 못하면 교사가 영아의 손을 잡고 교사의 머리카락을 잡아당기는 동작을 반복해 준다.
- 수행되면 교사가 영아의 손을 교사의 머리카락에 대 준 후 영아에게 잡아당기게 한다.
- 수행되면 교사가 영아의 손을 교사의 머리카락 가까이 대 준 후 영아에게 잡아당기게 한다.
- 수행되면 교사가 자신의 머리카락을 가리키며 영아에게 잡아당기게 한다.

- 도움을 점차 줄여 간다.
- 수행되면 영아 스스로 교사의 머리카락을 잡아당기게 한다.
- 수행되면 영아의 특성에 맞는 적절한 강화제를 제공한다.

48 인형이나 부드러운 장난감 끌어안기 1~2세

목표 ┃ 인형이나 부드러운 장난감을 끌어안을 수 있다.
자료 ┃ 인형, 부드러운 장난감, 강화제

방법 ❶

- 교사가 인형이나 부드러운 장난감을 끌어안는 시범을 보인다.
- 영아에게 교사를 모방하여 인형이나 부드러운 장난감을 끌어안게 한다.
- 수행되면 영아 스스로 인형이나 부드러운 장난감을 끌어안게 한다.
- 수행되면 영아의 특성에 맞는 적절한 강화제를 제공한다.

방법 ❷

- 교사가 인형이나 부드러운 장난감을 끌어안는 시범을 보인다.
- 영아에게 교사를 모방하여 인형이나 부드러운 장난감을 끌어안게 한다.
- 모방하지 못하면 교사가 예를 들어 인형을 영아의 품에 안겨 준 후 영아의 두 손을 잡아 인형을 끌어안게 해 준다.
- 교사가 인형을 영아의 품에 안겨 준 후 영아의 한 손을 잡아 인형을 끌어안게 해 준다.
- 안지 못하면 교사가 인형을 영아의 품에 안겨 준 후 영아의 두 손을 잡아 인형을 끌어안는 동작을 반복해 준다.
- 수행되면 교사가 인형을 영아의 품에 안겨 준 후 영아에게 끌어안게 한다.

- 도움을 점차 줄여 간다.
- 수행되면 영아 스스로 인형을 끌어안아 보게 한다.
- 수행되면 다른 부드러운 장난감도 인형을 끌어안게 지도한 것과 같은 방법으로 지도한다.
- 수행되면 영아의 특성에 맞는 적절한 강화제를 제공한다.

 ## 49 성인을 모방하여 손 흔들기　　1~2세

목표 | 성인을 모방하여 손을 흔들 수 있다.
자료 | 강화제

방법 ❶
- 교사가 손을 흔드는 시범을 보인다.
- 영아에게 교사를 모방하여 손을 흔들게 한다.
- 수행되면 영아 스스로 교사를 모방하여 손을 흔들게 한다.
- 수행되면 영아의 특성에 맞는 적절한 강화제를 제공한다.

방법 ❷
- 교사가 손을 흔드는 시범을 보인다.
- 영아에게 교사를 모방하여 손을 흔들게 한다.
- 모방하지 못하면 교사가 영아의 손을 잡고 교사를 모방하여 손을 흔들어 준다.
- 교사가 영아의 손목을 잡아 준 후 교사를 모방하여 손을 흔들게 한다.
- 흔들지 못하면 교사가 영아의 손을 잡고 교사를 모방하여 손을 흔드는 동작을 반복해 준다.
- 도움을 점차 줄여 간다.

- 수행되면 영아 스스로 교사를 모방하여 손을 흔들게 한다.
- 수행되면 영아의 특성에 맞는 적절한 강화제를 제공한다.

50 장난감을 달라고 하면 거부하기 0 1~2세

목표 | 장난감을 달라고 하면 거부할 수 있다.

자료 | 영아가 좋아하는 장난감, 강화제

방법 ❶

- 교사가 유아에게 좋아하는 장난감을 손에 쥐어 준 후 뺏으려고 하면 유아가 거부하는 시범을 보인다.
- 교사가 영아에게 좋아하는 장난감을 손에 쥐어 준 후 뺏으려고 하면 유아를 모방하여 거부하게 한다.
- 수행되면 교사가 영아에게 좋아하는 장난감을 손에 쥐어 준 후 뺏으려고 하면 영아 스스로 거부하게 한다.
- 수행되면 영아의 특성에 맞는 적절한 강화제를 제공한다.

방법 ❷

- 교사가 유아에게 좋아하는 장난감을 손에 쥐어 준 후 뺏으려고 하면 유아가 거부하는 시범을 보인다.
- 교사가 영아에게 좋아하는 장난감을 손에 쥐어 준 후 뺏으려고 하면 유아를 모방하여 거부하게 한다.
- 모방하지 못하면 교사가 영아에게 좋아하는 장난감을 손에 쥐어 준 후 뺏으려고 하면서 영아의 손을 잡고 거부하게 해 준다.
- 거부하지 못하면 교사가 영아에게 좋아하는 장난감을 손에 쥐어 준 후 뺏으려고 하면서 영아의 손을 잡고 거부하는 동작을 반복해 준다.
- 도움을 점차 줄여 간다.
- 수행되면 교사가 영아에게 좋아하는 장난감을 손에 쥐어 준 후 뺏으려고 하면 영

아 스스로 거부하게 한다.

- 수행되면 영아의 특성에 맞는 적절한 강화제를 제공한다.

51 성인을 모방하여 짝짜꿍하기 1~2세

목표 | 성인을 모방하여 짝짜꿍을 할 수 있다.

자료 | 강화제

방법 ❶

- 교사가 짝짜꿍을 하는 시범을 보인다.
- 영아에게 교사를 모방하여 짝짜꿍을 하게 한다.
- 수행되면 영아 스스로 교사를 모방하여 짝짜꿍을 하게 한다.
- 수행되면 영아의 특성에 맞는 적절한 강화제를 제공한다.

방법 ❷

- 교사가 짝짜꿍을 하는 시범을 보인다.
- 영아에게 교사를 모방하여 짝짜꿍을 하게 한다.
- 모방하지 못하면 교사가 영아의 손을 잡고 짝짜꿍을 하게 해 준다.
- 교사가 영아의 한 손을 잡아 준 후 교사를 모방하여 짝짜꿍을 하게 한다.
- 하지 못하면 교사가 영아의 손을 잡고 짝짜꿍하는 동작을 반복해 준다.
- 도움을 점차 줄여 간다.
- 수행되면 영아 스스로 교사를 모방하여 짝짜꿍을 하게 한다.
- 수행되면 영아의 특성에 맞는 적절한 강화제를 제공한다.

52 안아 달라고 팔 벌리기　　　　　2~3세

목표 │ 안아 달라고 팔을 벌릴 수 있다.

자료 │ 강화제

방법 ❶

- 교사가 안아 달라고 팔을 벌리는 시범을 보인다.
- 영아에게 교사를 모방하여 안아 달라고 팔을 벌리게 한다.
- 수행되면 영아 스스로 안아 달라고 팔을 벌리게 한다.
- 수행되면 영아의 특성에 맞는 적절한 강화제를 제공한다.

방법 ❷

- 교사가 안아 달라고 팔을 벌리는 시범을 보인다.
- 영아에게 교사를 모방하여 안아 달라고 팔을 벌리게 한다.
- 모방하지 못하면 교사가 영아의 팔을 잡고 벌려 준다.
- 교사가 영아의 한쪽 팔을 벌려 준 후 영아에게 안아 달라고 팔을 벌리게 한다.
- 벌리지 못하면 교사가 영아의 팔을 잡고 안아 달라고 팔을 벌리는 동작을 반복해 준다.
- 도움을 점차 줄여 간다.

- 수행되면 영아 스스로 안아 달라고 팔을 벌리게 한다.
- 수행되면 영아의 특성에 맞는 적절한 강화제를 제공한다.

53 지시하면 다른 사람 손잡기 2~3세

목표 | 지시하면 다른 사람의 손을 잡을 수 있다.

자료 | 강화제

방법 ❶

- 교사가 다른 사람의 손을 잡는 시범을 보인다.
- 영아에게 교사를 모방하여 다른 사람의 손을 잡아 보게 한다.
- 수행되면 영아 스스로 다른 사람의 손을 잡아 보게 한다.
- 수행되면 영아의 특성에 맞는 적절한 강화제를 제공한다.

방법 ❷

- 교사가 예를 들어 영아의 손을 잡는 시범을 보인다.
- 영아에게 교사를 모방하여 교사의 손을 잡아 보게 한다.
- 모방하지 못하면 교사가 영아의 손을 잡아 준다.
- 교사가 교사의 손을 영아의 손에 대 준 후 잡아 보게 한다.
- 잡지 못하면 교사가 영아의 손을 잡는 동작을 반복해 준다.
- 교사가 교사의 손을 영아의 손 가까이에 대 준 후 영아에게 잡아 보게 한다.
- 도움을 점차 줄여 간다.
- 수행되면 영아 스스로 교사의 손을 잡아 보게 한다.
- 수행되면 영아의 특성에 맞는 적절한 강화제를 제공한다.

54 거울 속의 자신을 보고 웃거나 반응하기 `2~3세`

목표 | 거울에 비친 자신을 보고 웃거나 반응할 수 있다.
자료 | 거울, 강화제

방법 ❶

- 교사가 거울에 비친 자신을 보고 웃거나 소리 내어 반응하는 시범을 보인다.
- 영아에게 교사를 모방하여 거울에 비친 자신을 보고 웃거나 소리 내어 반응하게 한다.
- 수행되면 영아 스스로 거울에 비친 자신을 보고 웃거나 소리 내어 반응하게 한다.
- 수행되면 영아의 특성에 맞는 적절한 강화제를 제공한다.

방법 ❷

- 교사가 거울에 비친 자신을 보고, 예를 들어 웃거나 미소 짓는 시범을 보인다.
- 영아에게 교사를 모방하여 거울에 비친 자신을 보고 웃거나 미소 지어 보게 한다.
- 모방하지 못하면 교사가 영아와 같이 거울에 비친 자신을 보면서 웃거나 미소 짓는 모습을 보여 준다.
- 교사가 거울에 비친 영아를 가리키며 거울에 비친 영아를 보고 웃거나 미소 지어 보게 한다.
- 웃지 못하면 교사가 영아와 같이 거울에 비친 영아를 보며 웃거나 미소 짓는 모습을 반복해 준다.
- 도움을 점차 줄여 간다.
- 수행되면 영아 스스로 거울에 비친 자신을 보고 웃거나 미소 짓게 한다.
- 수행되면 영아의 특성에 맞는 적절한 강화제를 제공한다.

55 우는 표정 짓기

목표 | 우는 표정을 지을 수 있다.

자료 | 강화제

방법 ❶

- 교사가 우는 시늉을 하는 시범을 보인다.
- 영아에게 교사를 모방하여 우는 시늉을 하게 한다.
- 수행되면 영아 스스로 우는 시늉을 하게 한다.
- 수행되면 영아의 특성에 맞는 적절한 강화제를 제공한다.

방법 ❷

- 교사가 우는 시늉을 하는 시범을 보인다.
- 영아에게 교사를 모방하여 우는 시늉을 하게 한다.
- 모방하지 못하면 교사가 입을 삐죽이며 우는 모습을 보여 준 다음 영아의 입을 삐죽이게 잡아 주어 우는 시늉을 하게 한다.
- 교사가 우는 인형을 영아에게 보여 주며 우는 시늉을 하게 한다.
- 하지 못하면 교사가 입을 삐죽이며 우는 모습을 보여 준 다음 영아의 입을 삐죽이게 잡아 주어 우는 시늉을 하는 동작을 반복하게 해 준다.
- 도움을 점차 줄여 간다.
- 수행되면 영아 스스로 우는 시늉을 하게 한다.
- 수행되면 영아의 특성에 맞는 적절한 강화제를 제공한다.

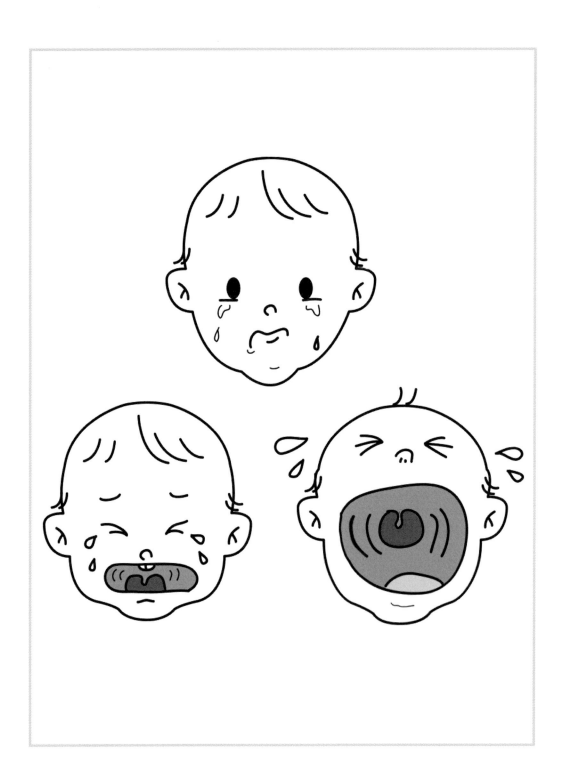

56 손, 발 마사지에 반응하기

목표 | 교사가 손, 발 마사지를 해 주면 반응할 수 있다.

자료 | 매트, 물수건(물티슈), 베이비 로션(오일), 강화제

방법 ❶

- 교사가 먼저 물수건으로 영아의 손을 닦아 준다.
- 교사가 영아의 손에 베이비 로션(오일)을 바른 후 "한 작은 둘 작은 ♫ 셋 작은 손가락~♫"이라고 노래를 부르며 손가락들을 부드럽게 마사지하는 시범을 보인다.
- 교사가 손에 베이비 로션을 바른 후 영아에게 교사를 모방하여 교사의 손가락들을 부드럽게 만지게 한다.
- 수행되면 교사가 손에 베이비 로션을 바른 후 영아 스스로 교사의 손가락들을 부드럽게 만지게 한다.
- 수행되면 물수건으로 영아의 발을 닦아 준 다음 발을 마사지하는 것도 손을 마사지한 것과 같은 방법으로 지도한다.
- 수행되면 영아의 특성에 맞는 적절한 강화제를 제공한다.

방법 ❷

- 교사가 먼저 물수건으로 영아의 손을 닦아 준다.
- 교사가 영아의 손에 베이비 로션(오일)을 바른 후 "한 작은 둘 작은 ♫ 셋 작은 손가락~♫"이라고 노래를 부르며 손가락들을 부드럽게 마사지하는 시범을 보인다.
- 교사가 손에 베이비 로션을 바른 후 영아에게 교사를 모방하여 교사의 손가락들을 부드럽게 만지게 한다.
- 모방하지 못하면 교사가 영아의 손을 잡고 교사의 손가락들을 부드럽게 만지게 해 준다.

- 교사가 손을 영아의 손에 대 준 후 영아에게 교사의 손가락들을 부드럽게 만지게 한다.
- 만지지 못하면 교사가 영아의 손을 잡고 교사의 손가락들을 부드럽게 만지는 동작을 반복해 준다.
- 수행되면 교사가 교사의 손을 가리키며 영아에게 손가락들을 부드럽게 만지게 한다.
- 도움을 점차 줄여 간다.
- 수행되면 영아 스스로 교사의 손가락들을 부드럽게 만지게 한다.
- 수행되면 물수건으로 영아의 발을 닦아 준 다음 발을 마사지하는 것도 손을 마사지한 것과 같은 방법으로 지도한다.
- 수행되면 영아의 특성에 맞는 적절한 강화제를 제공한다.

☞ 손가락 및 발가락 마사지 시 교사가 손으로 해 주는 방법 이외에도 영아의 손과 교사의 손을 깍지 끼고 비비거나 영아의 발과 교사의 발을 서로 비비게 지도해도 영아가 매우 흥미있어 한다.

☞ 손, 발 마사지 놀이는 교사 및 부모와의 친밀감 형성과 더불어 사회성 증진, 감정적 이완을 경험할 수 있는 활동이다.

교사가 물수건으로 영아의 손 닦아 주기

영아의 손에 베이비 로션(오일) 발라 주기

영아의 손가락 마사지하기

교사의 손에 베이비 로션(오일) 바르기

영아가 교사를 모방하여 마사지하기

하지 못하면 영아의 손을 잡고 교사의 손을
마사지하게 하기

영아 스스로 교사의 손 마사지하기

수행 후 물수건으로 손 닦아 주기

교사가 물수건으로 영아의 발 닦아 주기

영아의 발에 베이비 로션(오일) 발라 주기

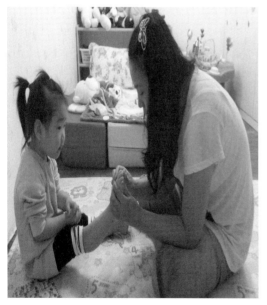

영아의 발 마사지하기

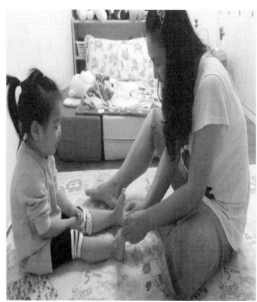

영아의 발가락 마사지하기

영아가 교사를 모방하여 마사지하기

수행 후 물수건으로 발 닦아 주기

수행되면 강화제 제공

영아의 손바닥에만 베이비 로션(오일) 발라 주기

교사의 손과 영아의 손을 깍지 끼고 비비기

영아가 거부감이 줄어들면 손가락 마사지하기

2~3
세

57 팔로 동그라미 모방하기 2~3세

목표 | 팔로 동그라미 만들기를 모방할 수 있다.

자료 | 강화제

방법 ❶

- 교사가 두 팔을 앞으로 내밀어 동그라미를 만드는 시범을 보인다.
- 영아에게 교사를 모방하여 두 팔을 앞으로 내밀어 동그라미를 만들게 한다.
- 수행되면 영아 스스로 교사를 모방하여 두 팔을 앞으로 내밀어 동그라미를 만들게 한다.
- 수행되면 영아의 특성에 맞는 적절한 강화제를 제공한다.

방법 ❷

- 교사가 영아와 마주 앉아 왼쪽 팔(영아가 볼 때 오른쪽 팔)을 위로 올려 반원을 만드는 시범을 보인다.
- 영아에게 교사를 모방하여 오른쪽 팔을 위로 올려 반원을 만들게 한다.
- 모방하지 못하면 교사가 영아의 오른쪽 팔을 잡고 위로 올려 반원을 만들어 준다.
- 교사가 반원을 만든 왼쪽 팔을 보여 주며 영아에게 오른쪽 팔을 위로 올려 반원을 만들게 한다.
- 만들지 못하면 교사가 영아의 오른쪽 팔을 잡고 반원을 만드는 동작을 반복해 준다.
- 도움을 점차 줄여 간다.
- 수행되면 영아 스스로 교사를 모방하여 오른쪽 팔로 반원을 만들게 한다.
- 수행되면 교사가 오른쪽 팔(영아가 볼 때 왼쪽 팔)을 위로 올린 후 왼쪽 팔과 붙여 동그라미를 만드는 시범을 보인다.

- 영아에게 스스로 오른쪽 팔로 반원을 만들게 한 후 교사를 모방하여 왼쪽 팔을 위로 올린 후 오른쪽 팔과 붙여 동그라미를 만들게 한다.
- 모방하지 못하면 영아에게 스스로 오른쪽 팔로 반원을 만들게 한 후 교사가 영아의 왼쪽 팔을 잡고 위로 올린 다음 오른쪽 팔과 붙여 동그라미를 만들어 준다.
- 교사가 영아에게 스스로 오른쪽 팔로 반원을 만들게 한 후 교사가 영아의 왼쪽 팔을 잡고 위로 올린 다음 영아에게 오른쪽 팔과 붙여 동그라미를 만들게 한다.
- 만들지 못하면 영아에게 스스로 오른쪽 팔로 반원을 만들게 한 후 교사가 영아의 왼쪽 팔을 잡고 위로 올린 다음 오른쪽 팔과 붙여 동그라미를 만드는 동작을 반복해 준다.
- 도움을 점차 줄여 간다.
- 수행되면 영아 스스로 교사를 모방하여 팔로 동그라미를 만들어 보게 한다.
- 수행되면 영아의 특성에 맞는 적절한 강화제를 제공한다.

2~3
세

58 화난 표정 짓기 2~3세

목표 | 화난 표정을 지을 수 있다.
자료 | 화난 표정의 인형이나 그림자료, 강화제

방법 ❶
- 교사가 화난 표정을 짓는 시범을 보인다.
- 영아에게 교사를 모방하여 화난 표정을 짓게 한다.
- 수행되면 영아 스스로 화난 표정을 짓게 한다.
- 수행되면 영아의 특성에 맞는 적절한 강화제를 제공한다.

방법 ❷
- 교사가 화난 표정을 짓는 시범을 보인다.
- 영아에게 교사를 모방하여 화난 표정을 짓게 한다.
- 모방하지 못하면 교사가 인상을 찡그리는 모습을 보여 준 다음 영아의 눈꼬리를 올려 주어 화난 표정을 짓게 한다.
- 교사가 화난 표정의 인형이나 그림을 보여 주며 영아에게 화난 표정을 짓게 한다.
- 짓지 못하면 교사가 인상을 찡그리는 모습을 보여 준 다음 영아의 눈꼬리를 올려 주어 화난 표정을 짓는 동작을 반복해 준다.
- 도움을 점차 줄여 간다.
- 수행되면 영아 스스로 화난 표정을 짓게 한다.
- 수행되면 영아의 특성에 맞는 적절한 강화제를 제공한다.

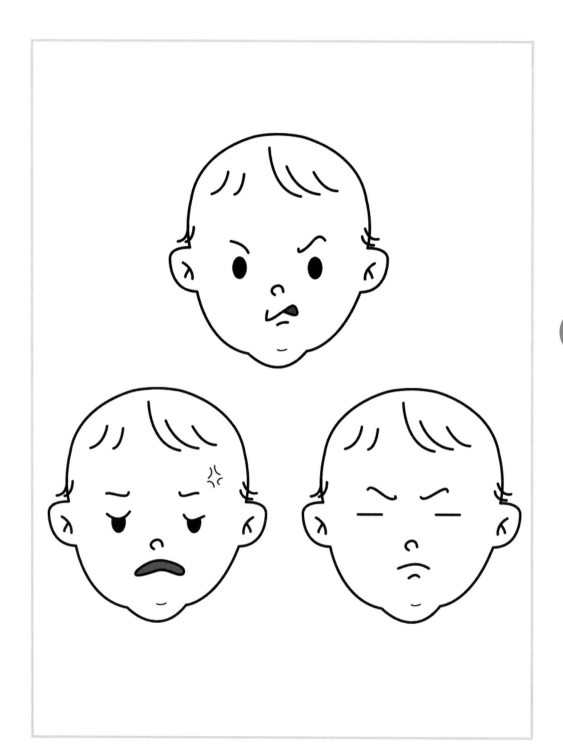

의자에 3분 동안 앉아 있기   2~3세

목표 | 의자에 3분 동안 앉아 있을 수 있다.

자료 | 의자, 강화제

방법 ❶

- 교사가 의자에 3분 동안 앉아 있는 시범을 보인다.
- 영아를 의자에 앉혀 준 후 교사를 모방하여 3분 동안 앉아 있게 한다.
- 수행되면 교사가 영아를 의자에 앉혀 준 후 영아 스스로 3분 동안 앉아 있게 한다.
- 수행되면 영아의 특성에 맞는 적절한 강화제를 제공한다.

방법 ❷

- 교사가 의자에 3분 동안 앉아 있는 시범을 보인다.
- 영아를 의자에 앉혀 준 후 교사를 모방하여 3분 동안 앉아 있게 한다.
- 모방하지 못하면 교사가 영아를 의자에 앉혀 준 후 영아의 허리를 잡고 3분 동안 앉아 있게 해 준다.
- 교사가 영아를 의자에 앉혀 준 후 영아가 의자에서 내려가려고 하면 "안 돼요."라고 말하며 두 손으로 영아의 허리를 잡고 3분 동안 앉아 있게 한다.
- 앉아 있지 못하면 교사가 영아를 의자에 앉혀 준 후 영아의 허리를 잡고 3분 동안 앉아 있는 것을 반복해 준다.
- 도움을 점차 줄여 간다.
- 수행되면 교사가 영아를 의자에 앉혀 줄 때 영아 스스로 3분 동안 앉아 있게 한다.
- 수행되면 영아의 특성에 맞는 적절한 강화제를 제공한다.

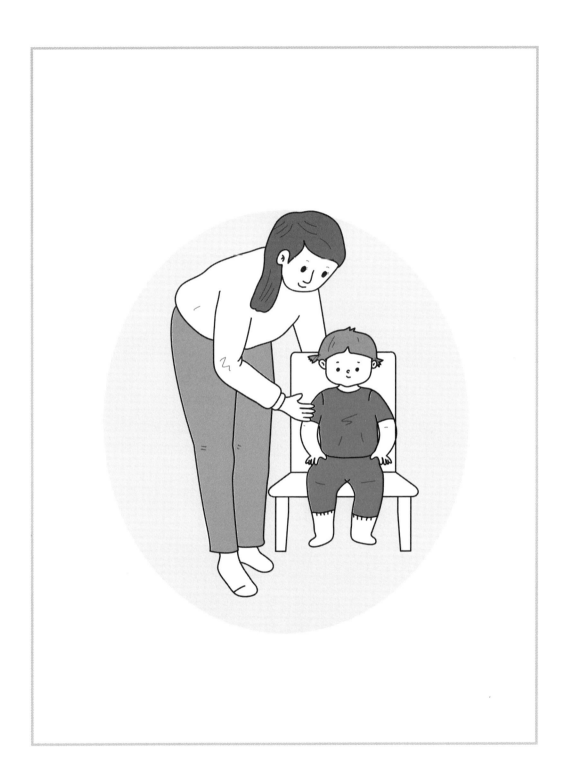

60 원하는 사물을 손가락으로 가리키기 2~3세

목표 | 원하는 사물을 손가락으로 가리킬 수 있다.
자료 | 다양한 사물, 강화제

방법 ❶

- 교사가 원하는 사물을 손가락으로 가리키는 시범을 보인다.
- 영아에게 교사를 모방하여 원하는 사물을 손가락으로 가리키게 한다.
- 수행되면 영아 스스로 원하는 사물을 손가락으로 가리키게 한다.
- 수행되면 영아의 특성에 맞는 적절한 강화제를 제공한다.

방법 ❷

- 교사가 예를 들어 손가락으로 과자를 가리키는 시범을 보인다.
- 영아에게 교사를 모방하여 손가락으로 과자를 가리키게 한다.
- 모방하지 못하면 교사가 영아의 손을 잡고 손가락으로 과자를 가리켜 준다.
- 교사가 과자를 영아 가까이 놓아 준 후 영아에게 과자를 손가락으로 가리키게 한다.
- 가리키지 못하면 교사가 영아의 손을 잡고 과자를 손가락으로 가리키는 동작을 반복해 준다.
- 도움을 점차 줄여 간다.
- 수행되면 영아 스스로 과자를 손가락으로 가리키게 한다.
- 수행되면 영아가 원하는 다른 사물을 손가락으로 가리키는 것도 과자를 지도한 것과 같은 방법으로 지도한다.
- 수행되면 영아의 특성에 맞는 적절한 강화제를 제공한다.

61 밖에 나갈 때 성인의 손잡기   2~3세

목표 | 밖에 나갈 때 성인의 손을 잡을 수 있다.

자료 | 강화제

방법 ❶

- 교사가 밖에 나갈 때 다른 교사의 손을 잡는 시범을 보인다.
- 영아에게 교사를 모방하여 밖에 나갈 때 교사의 손을 잡게 한다.
- 수행되면 영아 스스로 밖에 나갈 때 교사의 손을 잡게 한다.
- 수행되면 영아의 특성에 맞는 적절한 강화제를 제공한다.

방법 ❷

- 교사가 밖에 나갈 때 다른 교사의 손을 잡는 시범을 보인다.
- 영아에게 교사를 모방하여 밖에 나갈 때 교사의 손을 잡게 한다.
- 모방하지 못하면 교사가 밖에 나갈 때 영아가 교사의 손을 잡게 해 준다.
- 교사가 밖에 나갈 때 영아의 손 가까이 교사의 손을 대 준 후 영아에게 교사의 손을 잡게 한다.
- 잡지 못하면 교사가 밖에 나갈 때 영아가 교사의 손을 잡는 동작을 반복해 준다.
- 도움을 점차 줄여 간다.
- 수행되면 영아 스스로 밖에 나갈 때 교사의 손을 잡게 한다.
- 수행되면 영아의 특성에 맞는 적절한 강화제를 제공한다.

얼굴 표정 모방하기

목표 | 얼굴 표정을 모방할 수 있다.

자료 | 다양한 표정 그림자료, 강화제

방법 ❶

- 교사가 다양한 표정을 짓는 시범을 보인다.
- 영아에게 교사를 모방하여 다양한 표정을 짓게 한다.
- 수행되면 영아 스스로 교사를 모방하여 다양한 표정을 짓게 한다.
- 수행되면 영아의 특성에 맞는 적절한 강화제를 제공한다.

방법 ❷

- 교사가 다양한 표정을 짓는 시범을 보인다.
- 영아에게 교사를 모방하여 다양한 표정을 짓게 한다.
- 모방하지 못하면 교사가 예를 들어 눈물을 흘리는 시늉을 하면서 우는 표정을 짓는 시범을 보인다.
- 영아에게 교사를 모방하여 우는 표정을 짓게 한다.
- 모방하지 못하면 교사가 눈물을 흘리면서 우는 표정을 보여 주며 영아의 눈꼬리를 내려 주어 우는 표정을 짓게 한다.
- 교사가 우는 인형이나 그림을 보여 주며 영아에게 우는 표정을 짓게 한다.
- 짓지 못하면 교사가 눈물을 흘리면서 우는 표정을 보여 주며 영아의 눈꼬리를 내려 주어 우는 표정을 짓는 동작을 반복해 준다.
- 도움을 점차 줄여 간다.
- 수행되면 영아 스스로 우는 표정을 짓게 한다.
- 수행되면 다른 표정들도 우는 표정을 지도한 것과 같은 방법으로 지도한다.

• 수행되면 영아의 특성에 맞는 적절한 강화제를 제공한다.

63 다른 사람을 끌어당겨 행동이나 물건 보여 주기 2~3세

목표 | 다른 사람을 끌어당겨 행동이나 물건을 보여 줄 수 있다.

자료 | 영아가 좋아하는 물건, 강화제

방법 ❶

- 교사가 행동이나 물건을 보여 주기 위해 다른 사람을 끌어당기는 시범을 보인다.
- 영아에게 교사를 모방하여 행동이나 물건을 보여 주기 위해 다른 사람을 끌어당기게 한다.
- 수행되면 영아 스스로 행동이나 물건을 보여 주기 위해 다른 사람을 끌어당기게 한다.
- 수행되면 영아의 특성에 맞는 적절한 강화제를 제공한다.

방법 ❷

- 교사가 행동이나 물건을 보여 주기 위해 다른 사람을 끌어당기는 시범을 보인다.
- 영아에게 교사를 모방하여 행동이나 물건을 보여 주기 위해 다른 사람을 끌어당기게 한다.
- 모방하지 못하면 교사가 영아의 손을 잡고 행동이나 물건을 보여 주기 위해 다른 사람을 끌어당기게 해 준다.
- 교사가 영아의 손을 다른 사람에게 대 준 후 행동이나 물건을 보여 주기 위해 다른 사람을 끌어당기게 한다.
- 당기지 못하면 교사가 영아의 손을 잡고 행동이나 물건을 보여 주기 위해 다른 사람을 끌어당기는 동작을 반복해 준다.
- 도움을 점차 줄여 간다.
- 수행되면 영아 스스로 행동이나 물건을 보여 주기 위해 다른 사람을 끌어당기게

한다.
- 수행되면 영아의 특성에 맞는 적절한 강화제를 제공한다.

64 3~5분 정도 그림책 보기 `2~3세`

목표 | 3~5분 정도 그림책을 볼 수 있다.
자료 | 그림책, 강화제

방법 ❶
- 교사가 3~5분 정도 그림책을 보는 시범을 보인다.
- 영아에게 교사를 모방하여 3~5분 정도 그림책을 보게 한다.
- 수행되면 영아 스스로 3~5분 정도 그림책을 보게 한다.
- 수행되면 영아의 특성에 맞는 적절한 강화제를 제공한다.

방법 ❷
- 교사가 3~5분 정도 그림책을 보는 시범을 보인다.
- 영아에게 교사를 모방하여 3~5분 정도 그림책을 보게 한다.
- 모방하지 못하면 교사가 영아에게 3~5분 정도 그림책을 보여 준다.
- 교사가 그림책을 펼쳐 준 후 영아에게 3~5분 정도 그림책을 보게 한다.
- 보지 못하면 교사가 영아에게 3~5분 정도 그림책을 보는 것을 반복해 준다.
- 도움을 점차 줄여 간다.
- 수행되면 영아 스스로 3~5분 정도 그림책을 보게 한다.
- 수행되면 영아의 특성에 맞는 적절한 강화제를 제공한다.

65 어떤 이야기나 음악에 잠깐 주의 기울이기 2~3세

목표 | 어떤 이야기나 음악에 잠깐 주의를 기울일 수 있다.
자료 | 다양한 장난감, 강화제

방법 ①

- 교사가 누가 이야기하거나 음악 소리가 들리면 잠깐 주의를 기울이는 시범을 보인다.
- 영아에게 교사를 모방하여 누가 이야기하거나 음악 소리가 들리면 잠깐 주의를 기울여 보라고 한다.
- 수행되면 영아 스스로 누가 이야기하거나 음악 소리가 들릴 때 잠깐 주의를 기울여 보라고 한다.
- 수행되면 영아의 특성에 맞는 적절한 강화제를 제공한다.

방법 ②

- 교사가 예를 들어 다른 교사가 간단한 동화책을 읽어 주면 잠깐 주의를 기울이는 시범을 보인다.
- 영아에게 교사를 모방하여 교사가 간단한 동화책을 읽어 주면 잠깐 주의를 기울여 보라고 한다.
- 모방하지 못하면 교사가 간단한 동화책을 읽어 주며, 예를 들어 강아지 소리를 내거나 바스락거리는 비닐로 영아를 집중시켜 잠깐 주의를 기울이게 해 준다.
- 주의를 기울이지 못하면 교사가 간단한 동화책을 읽어 주며, 예를 들어 강아지 소리를 내거나 바스락거리는 비닐로 영아를 집중시켜 잠깐 주의를 기울이는 행동을 반복해 준다.
- 도움을 점차 줄여 간다.

- 수행되면 영아 스스로 교사가 간단한 동화책을 읽어 줄 때 잠깐 주의를 기울여 보라고 한다.
- 수행되면 음악 소리가 들릴 때 잠깐 주의를 기울이는 것도 동화책에 주의를 기울이도록 지도한 것과 같은 방법으로 지도한다.
- 수행되면 영아 스스로 음악 소리가 들리면 잠깐 주의를 기울여 보라고 한다.
- 수행되면 영아의 특성에 맞는 적절한 강화제를 제공한다.

66 지시하면 친숙한 사람에게 인사하기 [2~3세]

목표 | 지시하면 친숙한 사람에게 인사를 할 수 있다.
자료 | 강화제

방법 ❶

- 다른 교사가 교사에게 친숙한 사람에게 인사를 하라고 지시하면 인사하는 시범을 보인다.
- 교사가 영아에게 예를 들어 다른 교사에게 인사를 하라고 지시하면 영아가 교사를 모방하여 인사를 하게 한다.
- 수행되면 교사가 영아에게 다른 교사에게 인사를 하라고 지시하면 영아 스스로 인사를 하게 한다.
- 수행되면 영아의 특성에 맞는 적절한 강화제를 제공한다.

방법 ❷

- 다른 교사가 교사에게 친숙한 사람에게 인사를 하라고 지시하면 인사하는 시범을 보인다.
- 교사가 영아에게 예를 들어 다른 교사에게 인사를 하라고 지시하면 영아가 교사

를 모방하여 인사를 하게 한다.

- 모방하지 못하면 교사가 다른 교사에게 인사를 하라고 지시한 후 영아의 머리를 살짝 잡아 인사를 시켜 준다.
- 교사가 다른 교사에게 인사를 하라고 지시한 후 영아의 머리에 손을 살짝 대 준 다음 인사를 하게 한다.
- 하지 못하면 교사가 영아의 머리를 살짝 잡고 다른 교사에게 인사를 시키는 동작을 반복해 준다.
- 수행되면 교사가 다른 교사에게 인사를 하라고 지시한 후 영아의 머리에 손가락을 살짝 대 주며 인사를 하게 한다.
- 도움을 점차 줄여 간다.
- 수행되면 교사가 영아에게 다른 교사에게 인사를 하라고 지시할 때 영아 스스로 인사를 하게 한다.
- 수행되면 영아의 특성에 맞는 적절한 강화제를 제공한다.

67 가족사진에서 자신 찾기 2~3세

목표 | 가족사진에서 자신을 찾을 수 있다.
자료 | 여러 장의 가족사진, 강화제

방법 ❶
- 교사가 가족사진에서 영아를 찾는 시범을 보인다.
- 영아에게 교사를 모방하여 가족사진에서 자신을 찾아보라고 한다.
- 수행되면 영아 스스로 가족사진에서 자신을 찾아보라고 한다.
- 수행되면 영아의 특성에 맞는 적절한 강화제를 제공한다.

- 교사가 가족사진에서 영아를 찾는 시범을 보인다.
- 영아에게 교사를 모방하여 가족사진에서 자신을 찾아보라고 한다.
- 모방하지 못하면 교사가 영아의 손을 잡고 가족사진에서 영아를 찾아 준다.
- 교사가 가족사진에서 영아의 얼굴 가까이 손을 대 준 후 영아를 찾아보라고 한다.
- 찾지 못하면 교사가 영아의 손을 잡고 가족사진에서 영아를 찾는 동작을 반복해 준다.
- 수행되면 교사가 가족사진에서 영아를 가리키며 영아에게 자신을 찾아보라고 한다.
- 도움을 점차 줄여 간다.
- 수행되면 영아 스스로 가족사진에서 자신을 찾아보라고 한다.
- 수행되면 영아의 특성에 맞는 적절한 강화제를 제공한다.

68 익숙한 상황에서 엄마와 쉽게 떨어지기 2~3세

목표 | 익숙한 상황에서 엄마와 쉽게 떨어질 수 있다.
자료 | 강화제

방법 ❶

- 교사가 유아에게 익숙한 상황(예: 등원할 때)에서 엄마와 쉽게 떨어지는 시범을 보이게 한다.
- 영아에게 유아를 모방하여 익숙한 상황에서 엄마와 쉽게 떨어져 보라고 한다.
- 수행되면 영아 스스로 익숙한 상황에서 엄마와 쉽게 떨어져 보라고 한다.
- 수행되면 영아의 특성에 맞는 적절한 강화제를 제공한다.

방법 ❷

- 교사가 유아에게 예를 들어 어린이집에 등원할 때 엄마와 쉽게 떨어지는 시범을 보이게 한다.
- 영아에게 유아를 모방하여 어린이집에 등원할 때 엄마와 쉽게 떨어져 보라고 한다.
- 모방하지 못하면 영아가 어린이집에 등원할 때 교사가 영아를 품에 안고 엄마와 쉽게 떨어지게 해 준다.
- 어린이집에 등원할 때 교사가 영아의 손을 잡고 엄마와 쉽게 떨어지게 해 준다.
- 떨어지지 못하면 영아가 어린이집에 등원할 때 교사가 영아를 품에 안고 엄마와 쉽게 떨어지는 행동을 반복해 준다.
- 도움을 점차 줄여 간다.
- 수행되면 어린이집에 등원할 때 영아 스스로 엄마와 쉽게 떨어져 보라고 한다.
- 수행되면 영아의 특성에 맞는 적절한 강화제를 제공한다.

69 성인에게 물 달라고 요구하기 `2~3세`

목표 | 성인에게 물을 달라고 요구할 수 있다.

자료 | 물, 컵, 주전자, 강화제

방법 ❶

- 교사가 예를 들어 다른 교사에게 물을 달라고 요구하는 시범을 보인다.
- 영아에게 교사를 모방하여 다른 교사에게 물을 달라고 요구해 보라고 한다.
- 수행되면 영아 스스로 다른 교사에게 물을 달라고 요구해 보라고 한다.
- 수행되면 영아의 특성에 맞는 적절한 강화제를 제공한다.

방법 ❷

- 교사가 예를 들어 다른 교사에게 물을 달라고 요구하는 시범을 보인다.
- 영아에게 교사를 모방하여 다른 교사에게 물을 달라고 요구해 보라고 한다.
- 모방하지 못하면 교사가 영아의 손에 컵을 쥐어 준 후 영아의 손을 잡고 다른 교사에게 물을 달라고 요구하게 해 준다.
- 교사가 영아의 손에 컵을 쥐어 준 후 다른 교사에게 물을 달라고 요구하게 해 준다.
- 요구하지 못하면 영아의 손에 컵을 쥐어 준 후 영아의 손을 잡고 다른 교사에게 물을 달라고 요구하는 동작을 반복해 준다.
- 도움을 점차 줄여 간다.
- 수행되면 영아 스스로 다른 교사에게 물을 달라고 요구해 보라고 한다.
- 수행되면 영아의 특성에 맞는 적절한 강화제를 제공한다.

☞ 표현을 못하는 영아의 경우 행동으로 요구할 수 있도록 지도하면 된다.

☞ 성인에게 다른 것을 달라고 요구하는 것도 물을 달라고 요구하는 것과 같은 방법으로 지도하면 된다.

70 교사의 간단한 동작 모방하기 `2~3세`

목표 | 교사의 간단한 동작을 모방할 수 있다.
자료 | 강화제

방법 ❶

- 교사가 예를 들어 '코'를 가리키는 시범을 보인다.

- 영아에게 교사를 모방하여 '코'를 가리켜 보라고 한다.
- 수행되면 영아 스스로 '코'를 가리켜 보라고 한다.
- 수행되면 영아의 특성에 맞는 적절한 강화제를 제공한다.

방법 ❷

- 교사가 예를 들어 '코'를 가리키는 시범을 보인다.
- 영아에게 교사를 모방하여 '코'를 가리켜 보라고 한다.
- 모방하지 못하면 교사가 영아의 손을 잡고 '코'를 가리키게 해 준다.
- 교사가 영아의 손을 '코' 가까이 대 준 후 영아에게 '코'를 가리켜 보라고 한다.
- 가리키지 못하면 교사가 영아의 손을 잡고 '코'를 가리키는 동작을 반복해 준다.
- 교사가 영아의 '코'를 가리키며 영아에게 '코'를 가리켜 보라고 한다.
- 도움을 점차 줄여 간다.
- 수행되면 영아 스스로 '코'를 가리켜 보라고 한다.
- 수행되면 영아의 특성에 맞는 적절한 강화제를 제공한다.

2~3
세

71 또래에게 '컵' 건네주기   2~3세

목표 | 또래에게 '컵'을 건네줄 수 있다.

자료 | 컵, 강화제

방법 ❶

- 교사가 또래에게 '컵'을 건네주는 시범을 보인다.
- 영아에게 교사를 모방하여 또래에게 '컵'을 건네줘 보라고 한다.
- 수행되면 영아 스스로 또래에게 '컵'을 건네줘 보라고 한다.
- 수행되면 영아의 특성에 맞는 적절한 강화제를 제공한다.

방법 ❷

- 교사가 또래에게 '컵'을 건네주는 시범을 보인다.
- 영아에게 교사를 모방하여 또래에게 '컵'을 건네줘 보라고 한다.
- 모방하지 못하면 교사가 영아의 손에 '컵'을 쥐어 준 후 영아의 손을 잡고 또래에게 '컵'을 건네준다.
- 교사가 영아의 손에 '컵'을 쥐어 준 후 또래에게 '컵'을 건네줘 보라고 한다.
- 건네주지 못하면 교사가 영아의 손에 '컵'을 쥐어 준 후 영아의 손을 잡고 또래에게 '컵'을 주는 동작을 반복해 준다.
- 수행되면 교사가 영아의 손을 '컵' 가까이 대 준 다음 영아에게 '컵'을 쥐고 또래에게 줘 보라고 한다.
- 도움을 점차 줄여 간다.
- 수행되면 영아 스스로 또래에게 '컵'을 건네줘 보라고 한다.
- 수행되면 영아의 특성에 맞는 적절한 강화제를 제공한다.

72 헤어질 때 손 흔들기 `2~3세`

목표 | 헤어질 때 손을 흔들 수 있다.
자료 | 강화제

방법 ❶

- 교사가 헤어질 때 손을 흔드는 시범을 보인다.
- 영아에게 교사를 모방하여 헤어질 때 손을 흔들어 보라고 한다.
- 수행되면 영아 스스로 헤어질 때 손을 흔들어 보라고 한다.
- 수행되면 영아의 특성에 맞는 적절한 강화제를 제공한다.

방법 ❷

- 교사가 헤어질 때 손을 흔드는 시범을 보인다.
- 영아에게 교사를 모방하여 헤어질 때 손을 흔들어 보라고 한다.
- 모방하지 못하면 헤어질 때 교사가 영아의 손을 잡고 흔들어 준다.
- 교사가 영아의 손목을 잡아 준 후 헤어질 때 손을 흔들어 보라고 한다.
- 흔들지 못하면 헤어질 때 교사가 영아의 손을 잡고 흔드는 동작을 반복해 준다.
- 도움을 점차 줄여 간다.
- 수행되면 영아 스스로 헤어질 때 손을 흔들어 보라고 한다.
- 수행되면 영아의 특성에 맞는 적절한 강화제를 제공한다.

73 지시하면 안아 주기   2~3세

목표 | 지시하면 안아 줄 수 있다.

자료 | 강화제

방법 ❶

- 다른 교사가 교사에게 예를 들어 영아를 안아 주라고 지시하면 안아 주는 시범을 보인다.
- 교사가 영아에게 다른 영아를 안아 주라고 지시하면 교사를 모방하여 안아 보라고 한다.
- 수행되면 교사가 다른 영아를 안아 주라고 지시할 때 영아 스스로 안아 보라고 한다.
- 수행되면 영아의 특성에 맞는 적절한 강화제를 제공한다.

방법 ❷

- 다른 교사가 교사에게 예를 들어 영아를 안아 주라고 지시하면 안아 주는 시범을 보인다.
- 교사가 영아에게 다른 영아를 안아 주라고 지시하면 교사를 모방하여 안아 보라고 한다.
- 모방하지 못하면 교사가 다른 영아를 안아 주라고 지시한 후 교사가 영아의 두 팔을 벌려 다른 영아를 안아 준다.
- 교사가 다른 영아를 안아 주라고 지시한 후 영아의 두 팔을 벌려 준 다음 다른 영아를 안아 보라고 한다.
- 안지 못하면 교사가 다른 영아를 안아 주라고 지시한 후 교사가 영아의 두 팔을 벌려 다른 영아를 안아 주는 동작을 반복해 준다.
- 수행되면 교사가 다른 영아를 안아 주라고 지시한 후 영아를 두 팔로 안아 주는 시늉을 보여 주며 영아에게 다른 영아를 안아 보라고 한다.
- 도움을 점차 줄여 간다.
- 수행되면 교사가 다른 영아를 안아 주라고 지시할 때 영아 스스로 안아 보라고 한다.
- 수행되면 영아의 특성에 맞는 적절한 강화제를 제공한다.

74 또래와 함께 짝짜꿍하기

목표 | 또래와 함께 짝짜꿍을 할 수 있다.

자료 | 강화제

방법 ❶

- 교사가 다른 유아들과 함께 짝짜꿍을 하는 시범을 보인다.
- 유아에게 교사를 모방하여 또래와 함께 짝짜꿍을 해 보라고 한다.
- 수행되면 유아 스스로 또래와 함께 짝짜꿍을 해 보라고 한다.
- 수행되면 유아의 특성에 맞는 적절한 강화제를 제공한다.

방법 ❷

- 교사가 다른 유아들과 함께 짝짜꿍을 하는 시범을 보인다.
- 유아에게 교사를 모방하여 또래와 함께 짝짜꿍을 해 보라고 한다.
- 모방하지 못하면 교사가 유아의 손을 잡고 또래와 함께 짝짜꿍을 하게 해 준다.
- 교사가 유아의 한 손을 잡아 준 후 또래와 함께 짝짜꿍을 해 보라고 한다.
- 하지 못하면 교사가 유아의 손을 잡고 또래와 함께 짝짜꿍하는 동작을 반복해 준다.
- 도움을 점차 줄여 간다.

- 수행되면 유아 스스로 또래와 함께 짝짜꿍을 해 보라고 한다.
- 수행되면 유아의 특성에 맞는 적절한 강화제를 제공한다.

75 놀다가 부모를 확인하기 위해 돌아오기 3~4세

목표 | 놀다가 부모를 확인하기 위해 돌아올 수 있다.
자료 | 강화제

방법 ❶
- 교사가 놀다가 다른 교사(부모)를 확인하기 위해 돌아오는 시범을 보인다.
- 유아에게 교사를 모방하여 놀다가 교사(부모)를 확인하기 위해 돌아와 보라고 한다.
- 수행되면 유아 스스로 놀다가 부모를 확인하기 위해 돌아와 보라고 한다.
- 수행되면 유아의 특성에 맞는 적절한 강화제를 제공한다.

방법 ❷
- 교사가 놀다가 예를 들어 다른 교사(부모)를 확인하기 위해 돌아오는 시범을 보인다.
- 유아에게 교사를 모방하여 놀다가 다른 교사(부모)를 확인하기 위해 돌아와 보라고 한다.
- 모방하지 못하면 교사가 유아와 놀다가 유아의 손을 잡고 다른 교사를 확인하기 위해 돌아온다.
- 교사가 유아가 놀고 있는 곳에 가서 다른 교사를 확인하기 위해 유아에게 가 보라고 한다.
- 가지 못하면 교사가 유아의 손을 잡고 다른 교사를 확인하기 위해 돌아오는 동작을 반복해 준다.

- 도움을 점차 줄여 간다.
- 수행되면 유아 스스로 놀다가 다른 교사를 확인하기 위해 돌아와 보라고 한다.
- 수행되면 유아의 특성에 맞는 적절한 강화제를 제공한다.

76 성인에게 책 읽어 달라고 건네기 `3~4세`

목표 | 성인에게 책을 읽어 달라고 건넬 수 있다.
자료 | 동화책(그림책), 강화제

방법 ❶

- 교사가 다른 교사에게 책을 읽어 달라고 건네주면 다른 교사가 책을 읽어 주는 모습을 시범 보인다.
- 유아에게 교사를 모방하여 책을 읽어 달라고 교사에게 건네 보라고 한다.
- 수행되면 유아 스스로 책을 읽어 달라고 교사에게 건네 보라고 한다.
- 수행되면 유아의 특성에 맞는 적절한 강화제를 제공한다.

방법 ❷

- 교사가 다른 교사에게 책을 읽어 달라고 건네주면 다른 교사가 책을 읽어 주는 모습을 시범 보인다.
- 유아에게 교사를 모방하여 책을 읽어 달라고 교사에게 건네 보라고 한다.
- 모방하지 못하면 교사가 유아의 손을 잡고 교사에게 책을 읽어 달라고 건네게 해준다.
- 교사가 유아의 손에 책을 쥐어 준 후 교사에게 책을 읽어 달라고 건네 보라고 한다.
- 건네지 못하면 교사가 유아의 손을 잡고 교사에게 책을 읽어 달라고 건네는 동작

을 반복해 준다.

- 교사가 유아의 손에 책을 쥐어 준 후 책을 읽어 달라는 시늉을 하면서 교사에게 책을 읽어 달라고 건네 보라고 한다.
- 수행되면 교사가 책을 가리키며 유아가 교사에게 책을 읽어 달라고 건네 보라고 한다.
- 도움을 점차 줄여 간다.
- 수행되면 유아 스스로 교사에게 책을 읽어 달라고 건네 보라고 한다.
- 수행되면 유아의 특성에 맞는 적절한 강화제를 제공한다.

77 동화책을 들려주면 10분 정도 듣기 `3~4세`

목표 | 동화책을 들려주면 10분 정도 들을 수 있다.

자료 | 동화책(소리 나는 동화책이나 그림책), 강화제

방법 ❶

- 교사가 다른 교사가 동화책을 들려주면 10분 정도 듣는 시범을 보인다.
- 유아에게 교사가 동화책을 들려주면 교사를 모방하여 10분 정도 들어 보라고 한다.
- 수행되면 교사가 동화책을 들려주면 유아 스스로 10분 정도 들어 보라고 한다.
- 수행되면 유아의 특성에 맞는 적절한 강화제를 제공한다.

방법 ❷

- 교사가 다른 교사가 동화책을 들려주면 10분 정도 듣는 시범을 보인다.
- 유아에게 교사가 동화책을 들려주면 교사를 모방하여 10분 정도 들어 보라고 한다.

- 모방하지 못하면 교사가 소리 나는 동화책을 들려주며 유아에게 3분 정도 들어 보게 한다.
- 수행되면 교사가 소리 나는 동화책을 들려주며 유아에게 5분 정도 들어 보게 한다.
- 수행되면 교사가 소리 나는 동화책을 들려주며 유아에게 8분 정도 들어 보게 한다.
- 도움을 점차 줄여 간다.
- 수행되면 교사가 동화책을 들려주면 유아 스스로 10분 정도 들어 보라고 한다.
- 수행되면 유아의 특성에 맞는 적절한 강화제를 제공한다.

78 혼자서 하려고 고집하기 3~4세

목표 | 혼자서 하려고 고집할 수 있다.
자료 | 물, 컵, 수저, 음식 등, 강화제

방법 ❶
- 교사가 예를 들어 물을 마시려고 컵을 들 때 다른 교사가 도와주려고 하면 혼자 하려는 시범을 보인다.
- 유아가 물을 마시려고 컵을 들 때 다른 교사가 도와주려고 하면 교사를 모방하여 혼자 하려고 해 보라고 한다.
- 수행되면 유아가 물을 마시려고 컵을 들 때 다른 교사가 도와주려고 하면 유아 스스로 혼자 하려고 해 보라고 한다.
- 수행되면 유아의 특성에 맞는 적절한 강화제를 제공한다.

- 교사가 예를 들어 물을 마시려고 컵을 들 때 다른 교사가 도와주려고 하면 혼자 하려는 시범을 보인다.
- 유아가 물을 마시려고 컵을 들 때 다른 교사가 도와주려고 하면 교사를 모방하여 혼자 하려고 해 보라고 한다.
- 모방하지 못하면 다른 교사가 유아가 컵을 드는 것을 도와주려고 할 때 교사가 유아의 손을 잡고 혼자 하게 해 준다.
- 혼자 하려고 하지 못하면 다른 교사가 유아가 컵을 드는 것을 도와주려고 할 때 교사가 유아의 손을 잡고 혼자 하려는 동작을 반복해 준다.
- 도움을 점차 줄여 간다.
- 수행되면 유아가 물을 마시려고 컵을 들 때 다른 교사가 도와주려고 하면 유아 스스로 혼자 하려고 해 보라고 한다.
- 수행되면 유아의 특성에 맞는 적절한 강화제를 제공한다.

79 또래와 인사하기 〔3~4세〕

목표 | 또래와 인사할 수 있다.

자료 | 강화제

방법 ❶

- 교사가 유아들에게 "안녕."이라고 하거나 손을 흔드는 시범을 보인다.
- 유아에게 교사를 모방하여 또래에게 "안녕."이라고 하거나 손을 흔들어 보라고 한다.
- 수행되면 유아 스스로 또래에게 "안녕."이라고 하거나 손을 흔들어 보라고 한다.
- 수행되면 유아의 특성에 맞는 적절한 강화제를 제공한다.

- 교사가 유아들에게 "안녕."이라고 하거나 손을 흔드는 시범을 보인다.
- 유아에게 교사를 모방하여 또래에게 "안녕."이라고 하거나 손을 흔들어 보라고 한다.
- 모방하지 못하면 교사가 유아의 고개를 숙여 주거나 손을 잡고 흔들어 준다.
- 교사가 또래를 가리키며 유아에게 "안녕."이라고 하거나 손을 흔들어 보라고 한다.
- 하지 못하면 교사가 유아의 고개를 숙여 주거나 손을 잡고 흔들어 주는 동작을 반복해 준다.
- 도움을 점차 줄여 간다.
- 수행되면 유아 스스로 또래에게 "안녕."이라고 하거나 손을 흔들어 보라고 한다.
- 수행되면 유아의 특성에 맞는 적절한 강화제를 제공한다.

80 순서대로 블록 쌓기 `3~4세`

목표 | 순서대로 블록을 쌓을 수 있다.

자료 | 블록, 강화제

방법 ❶

- 교사가 블록을 한 개 올려놓으면 그 위에 다른 교사가 블록을 한 개 올려놓아 순서대로 블록을 쌓는 시범을 보인다.
- 교사가 블록을 한 개 올려놓으면 유아에게 교사를 모방하여 그 위에 블록을 한 개 올려놓아 순서대로 쌓아 보라고 한다.
- 수행되면 교사가 블록을 한 개 올려놓은 후 유아 스스로 그 위에 블록을 한 개 올려놓아 순서대로 쌓아 보라고 한다.

- 수행되면 교사와 유아가 순서대로 번갈아 블록을 쌓아 보라고 한다.
- 수행되면 유아의 특성에 맞는 적절한 강화제를 제공한다.

방법 ❷

- 교사가 블록을 한 개 올려놓으면 그 위에 다른 교사가 블록을 한 개 올려놓아 순서대로 블록을 쌓는 시범을 보인다.
- 교사가 블록을 한 개 올려놓으면 유아에게 교사를 모방하여 그 위에 블록을 한 개 올려놓아 순서대로 쌓아 보라고 한다.
- 모방하지 못하면 교사가 올려놓은 블록에 유아의 손을 잡고 블록을 한 개 올려놓아 순서대로 쌓게 해 준다.
- 교사가 블록을 한 개 올려놓은 후 "○○야, 네 차례야 블록을 쌓아 보자."라고 말하며 유아에게 블록을 한 개 올려놓아 순서대로 쌓아 보라고 한다.
- 올려놓지 못하면 교사가 올려놓은 블록에 유아의 손을 잡고 블록을 한 개 올려놓아 순서대로 쌓는 동작을 반복해 준다.
- 도움을 점차 줄여 간다.
- 수행되면 교사가 블록을 한 개 올려놓은 후 유아 스스로 그 위에 블록을 한 개 올려놓아 순서대로 쌓아 보라고 한다.
- 수행되면 교사와 유아가 순서대로 번갈아 블록을 쌓아 보라고 한다.
- 수행되면 유아의 특성에 맞는 적절한 강화제를 제공한다.

☞ 순서대로 블록 쌓기는 사회성 증진뿐만 아니라 소근육 활동에도 도움이 된다.

교사가 블록 한 개 올려놓기

유아가 그 위에 블록 한 개 올려놓기

교사가 유아의 손을 잡고 블록 한 개 올려놓기

교사가 블록 올려놓기

3~4
세

137

유아가 다시 블록 올려놓기

필요시 유아의 손을 잡고 블록 쌓아 주기

교사와 유아가 번갈아 가며 블록 쌓기

필요시 강화제 제공

교사가 다섯 개 쌓음

유아에게 다섯 개 위에 하나 올려놓기

3~4
세

각기 블록 나누어 누가 빨리 쌓는지 경주하기

81 장난감 자동차 굴리기　　3~4세

목표 | 장난감 자동차를 굴릴 수 있다.

자료 | 장난감 자동차, 강화제

방법 ❶

- 교사가 다른 교사에게 장난감 자동차를 밀어 주면 다른 교사가 다시 교사에게 자동차를 밀어 주는 시범을 보인다.
- 교사가 유아에게 자동차를 밀어 주면 유아가 다른 교사를 모방하여 교사에게 자동차를 밀어 보라고 한다.
- 수행되면 교사가 유아에게 자동차를 밀어 주면 유아 스스로 교사에게 자동차를 밀어 보라고 한다.
- 수행되면 유아의 특성에 맞는 적절한 강화제를 제공한다.

방법 ❷

- 교사가 다른 교사에게 장난감 자동차를 밀어 주면 다른 교사가 다시 교사에게 자동차를 밀어 주는 시범을 보인다.
- 교사가 유아에게 자동차를 밀어 주면 유아가 다른 교사를 모방하여 교사에게 자동차를 밀어 보라고 한다.
- 모방하지 못하면 교사가 유아의 손을 잡고 다른 교사에게 자동차를 밀어 주면 다른 교사가 유아에게 장난감 자동차를 밀어 준다.
- 교사가 자동차에 유아의 손을 대 준 후 교사에게 자동차를 밀어 보라고 한다.
- 밀지 못하면 교사가 유아의 손을 잡고 다른 교사에게 자동차를 밀어 주면 다른 교사가 유아에게 장난감 자동차를 미는 동작을 반복해 준다.
- 도움을 점차 줄여 간다.

- 수행되면 교사가 유아에게 자동차를 밀어 주면 유아 스스로 교사에게 자동차를 밀어 보라고 한다.
- 수행되면 유아의 특성에 맞는 적절한 강화제를 제공한다.

☞ 장난감 자동차를 유아에게 밀어 줄 때 자동차에 유아가 좋아하는 강화제를 넣어 밀어 주면 좀 더 쉽게 지도할 수 있다.

82 교사가 지시하면 50% 돕기 3~4세

목표 | 교사가 지시하면 50% 도울 수 있다.
자료 | 장난감 등, 강화제

방법 ❶
- 교사가 다른 유아에게 또래를 도와주라고 지시하면 50% 정도 또래를 돕는 시범을 보인다.
- 교사가 유아에게 또래를 도와주라고 지시할 때 다른 유아를 모방하여 50% 정도 도와주라고 한다.
- 수행되면 교사가 유아에게 또래를 도와주라고 지시할 때 유아 스스로 50% 정도 도와주라고 한다.
- 수행되면 유아의 특성에 맞는 적절한 강화제를 제공한다.

방법 ❷
- 교사가 예를 들어 또래가 장난감을 정리하고 있을 경우 다른 유아에게 또래를 도와주라고 지시하면 50% 정도 돕는 시범을 보인다.
- 교사가 또래가 장난감을 정리하고 있을 경우 유아에게 도와주라고 지시하면 다른

유아를 모방하여 50% 정도 도와주라고 한다.

- 모방하지 못하면 교사가 유아의 손을 잡고 또래가 장난감을 정리하고 있는 것을 50% 정도 도와준다.
- 교사가 유아에게 또래가 장난감을 정리하고 있는 곳을 가리키며 또래를 50% 정도 도와주라고 한다.
- 도와주지 못하면 교사가 유아의 손을 잡고 또래가 장난감을 정리하고 있는 것을 50% 정도 도와주는 행동을 반복해 준다.
- 도움을 점차 줄여 간다.
- 수행되면 교사가 유아에게 또래를 도와주라고 지시할 때 유아 스스로 50% 정도 도와주라고 한다.
- 수행되면 유아의 특성에 맞는 적절한 강화제를 제공한다.

83 물어볼 때 선택하기 3~4세

목표 | 물어볼 때 선택할 수 있다.
자료 | 사과와 귤, 우유와 주스 등, 강화제

방법 ❶

- 교사가 예를 들어 다른 유아 앞에 우유와 주스를 놓고 어느 것을 마실지 물어보면 다른 유아가 선택하는 시범을 보인다.
- 교사가 유아 앞에 우유와 주스를 놓고 어느 것을 마실지 물어보면 다른 유아를 모방하여 선택해 보라고 한다.
- 수행되면 교사가 유아 앞에 우유와 주스를 놓고 어느 것을 마실지 물어보면 유아 스스로 선택해 보라고 한다.
- 수행되면 유아의 특성에 맞는 적절한 강화제를 제공한다.

방법 ❷

- 교사가 예를 들어 다른 유아 앞에 사과와 귤을 놓고 어느 것을 먹을지 물어보면 다른 유아가 선택하는 시범을 보인다.
- 교사가 유아 앞에 사과와 귤을 놓고 어느 것을 먹을지 물어보면 다른 유아를 모방하여 선택해 보라고 한다.
- 모방하지 못하면 교사가 유아의 손을 잡고 먹고 싶은 것을 선택하게 해 준다.
- 교사가 유아가 먹고 싶은 것을 물어본 후 그것을 가리키며 유아에게 선택해 보라고 한다.
- 선택하지 못하면 교사가 유아의 손을 잡고 먹고 싶은 것을 선택하는 동작을 반복해 준다.
- 도움을 점차 줄여 간다.
- 수행되면 교사가 유아 앞에 사과와 귤을 놓고 어느 것을 먹을지 물어볼 때 유아 스스로 선택해 보라고 한다.
- 수행되면 유아의 특성에 맞는 적절한 강화제를 제공한다.

☞ 선택하기를 지도할 경우 유아가 좋아하는 음식이나 장난감 등을 교사가 미리 부모님께 여쭈어 보고 선호도를 파악한 상태에서 지도하도록 한다.

3~4
세

84 물건 주고받기

목표 | 물건을 주고받을 수 있다.

자료 | 유아와 교사가 좋아하는 물건, 강화제

방법 ❶

- 교사가 다른 유아에게 물건을 주면 다른 유아가 그 물건을 다시 교사에게 주는 시범을 보인다.
- 교사가 유아에게 물건을 준 후 다른 유아를 모방하여 그 물건을 다시 교사에게 주라고 한다.
- 수행되면 교사가 유아에게 물건을 준 후 유아 스스로 그 물건을 다시 교사에게 주라고 한다.
- 수행되면 유아의 특성에 맞는 적절한 강화제를 제공한다.

방법 ❷

- 교사가 예를 들어 다른 유아에게 사탕을 주면 다른 유아가 사탕을 다시 교사에게 주는 시범을 보인다.
- 교사가 유아에게 사탕을 준 후 다른 유아를 모방하여 사탕을 다시 교사에게 주라고 한다.
- 모방하지 못하면 교사가 유아에게 사탕을 준 후 유아의 손을 잡고 사탕을 다시 교사에게 준다.
- 교사가 유아에게 사탕을 준 후 사탕을 가리키며 교사에게 다시 주라고 한다.
- 주지 못하면 교사가 유아에게 사탕을 준 후 유아의 손을 잡고 사탕을 다시 교사에게 주는 동작을 반복해 준다.
- 도움을 점차 줄여 간다.

- 수행되면 교사가 유아에게 사탕을 준 후 유아 스스로 다시 교사에게 주라고 한다.
- 수행되면 유아의 특성에 맞는 적절한 강화제를 제공한다.

85 손잡는 것을 거부하고 혼자 가려고 하기 `3~4세`

목표 | 손잡는 것을 거부하고 혼자 가려고 할 수 있다.
자료 | 강화제

방법 ❶

- 교사가 외출 시 다른 유아의 손을 잡고 가려고 하면 다른 유아가 손을 잡지 않고 혼자 가려고 하는 시범을 보인다.
- 교사가 외출 시 유아의 손을 잡고 가려고 하면 유아가 다른 유아를 모방하여 손을 잡지 않고 혼자 가 보라고 한다.
- 수행되면 교사가 외출 시 유아의 손을 잡고 가려고 하면 유아 스스로 손을 잡지 않고 혼자 가 보라고 한다.
- 수행되면 유아의 특성에 맞는 적절한 강화제를 제공한다.

방법 ❷

- 교사가 외출 시 다른 유아의 손을 잡고 가려고 하면 다른 유아가 손을 잡지 않고 혼자 가려고 하는 시범을 보인다.
- 교사가 외출 시 유아의 손을 잡고 가려고 하면 유아가 다른 유아를 모방하여 손을 잡지 않고 혼자 가 보라고 한다.
- 모방하지 못하면 교사가 외출 시 유아의 손을 잡고 어느 정도 걷다가 손을 놓아 주어 혼자 가게 해 준다.
- 손을 놓고 혼자 가지 못하면 교사가 유아의 손을 잡고 어느 정도 걷다가 손을 놓

3~4
세

아 주어 혼자 가는 행동을 반복해 준다.

• 도움을 점차 줄여 간다.

• 수행되면 교사가 외출 시 유아의 손을 잡고 가려고 하면 유아 스스로 손을 잡지
않고 혼자 가 보라고 한다.

• 수행되면 유아의 특성에 맞는 적절한 강화제를 제공한다.

86 인형에게 뽀뽀하기 〔3~4세〕

목표 | 인형에게 뽀뽀를 할 수 있다.

자료 | 인형, 강화제

방법 ❶

• 교사가 인형에게 뽀뽀를 하는 시범을 보인다.

• 유아에게 교사를 모방하여 인형에게 뽀뽀를 해 보라고 한다.

• 수행되면 유아 스스로 인형에게 뽀뽀를 해 보라고 한다.

• 수행되면 유아의 특성에 맞는 적절한 강화제를 제공한다.

방법 ❷

• 교사가 인형에게 뽀뽀를 하는 시범을 보인다.

• 유아에게 교사를 모방하여 인형에게 뽀뽀를 해 보라고 한다.

• 모방하지 못하면 교사가 인형의 입에 유아의 입을 대 준 후 뽀뽀를 하게 해 준다.

• 교사가 인형을 유아의 입 가까이 대 준 후 유아에게 뽀뽀를 해 보라고 한다.

• 하지 못하면 교사가 인형의 입에 유아의 입을 대 준 후 뽀뽀를 하는 동작을 반복
하게 해 준다.

• 도움을 점차 줄여 간다.

- 수행되면 유아 스스로 인형에게 뽀뽀를 해 보라고 한다.
- 수행되면 유아의 특성에 맞는 적절한 강화제를 제공한다.

87 또래 옆에서 블록 쌓기 3~4세

목표 | 또래 옆에서 블록을 쌓을 수 있다.

자료 | 블록, 강화제

방법 ❶

- 교사가 또래 옆에서 블록을 쌓는 시범을 보인다.
- 유아에게 교사를 모방하여 또래 옆에서 블록을 쌓아 보라고 한다.
- 수행되면 유아 스스로 또래 옆에서 블록을 쌓아 보라고 한다.
- 수행되면 유아의 특성에 맞는 적절한 강화제를 제공한다.

방법 ❷

- 교사가 예를 들어 또래 옆에서 블록을 다섯 개 쌓는 시범을 보인다.
- 유아에게 교사를 모방하여 또래 옆에서 블록을 다섯 개 쌓아 보라고 한다.
- 모방하지 못하면 교사가 유아의 손을 잡고 또래 옆에서 블록을 다섯 개 쌓아 준다.
- 교사가 유아의 손에 블록을 순서대로 한 개씩 집어 주면서 또래 옆에서 블록을 다섯 개 쌓아 보라고 한다.
- 쌓지 못하면 교사가 유아의 손을 잡고 또래 옆에서 블록을 다섯 개 쌓는 동작을 반복해 준다.
- 교사가 또래 옆에서 블록을 네 개 쌓아 준 후 유아에게 한 개 쌓아 보라고 한다.
- 수행되면 교사가 또래 옆에서 블록을 세 개 쌓아 준 후 유아에게 두 개 쌓아 보라

고 한다.

- 수행되면 교사가 또래 옆에서 블록을 두 개 쌓아 준 후 유아에게 세 개 쌓아 보라고 한다.
- 수행되면 교사가 또래 옆에서 블록을 한 개 쌓아 준 후 유아에게 네 개 쌓아 보라고 한다.
- 수행되면 유아가 또래 옆에서 블록을 쌓을 때 교사가 블록을 가리키며 유아에게 다섯 개를 쌓아 보라고 한다.
- 도움을 점차 줄여 간다.
- 수행되면 또래 옆에서 유아 스스로 블록을 다섯 개 쌓아 보라고 한다.
- 수행되면 유아의 특성에 맞는 적절한 강화제를 제공한다.

방법 ❸

- 교사가 예를 들어 또래 옆에서 블록을 다섯 개 쌓는 시범을 보인다.
- 유아에게 교사를 모방하여 또래 옆에서 블록을 다섯 개 쌓아 보라고 한다.
- 모방하지 못하면 교사가 또래 옆에서 블록을 한 개 쌓는 시범을 보인다.
- 유아에게 교사를 모방하여 또래 옆에서 블록을 한 개 쌓아 보라고 한다.
- 모방하지 못하면 교사가 유아의 손을 잡고 또래 옆에서 블록을 한 개 쌓아 준다.
- 교사가 블록을 한 개 놓아 준 다음 유아의 손에 블록을 한 개 집어 준 후 또래 옆에서 블록을 한 개 쌓아 보라고 한다.
- 쌓지 못하면 교사가 유아의 손을 잡고 또래 옆에서 블록을 한 개 쌓는 동작을 반복해 준다.
- 교사가 또래 옆에서 블록을 한 개 쌓아 준 후 유아에게 그 위에 한 개를 쌓아 보라고 한다.
- 수행되면 교사가 또래 옆에서 블록을 한 개 쌓아 준 후 유아에게 그 위에 두 개를 쌓아 보라고 한다.
- 수행되면 교사가 또래 옆에서 블록을 한 개 쌓아 준 후 유아에게 그 위에 세 개를

쌓아 보라고 한다.

- 수행되면 교사가 또래 옆에서 블록을 한 개 쌓아 준 후 유아에게 그 위에 네 개를 쌓아 보라고 한다.
- 도움을 점차 줄여 간다.
- 수행되면 유아가 또래 옆에서 블록을 쌓을 때 교사가 블록을 가리키며 유아에게 다섯 개를 쌓아 보라고 한다.
- 수행되면 또래 옆에서 유아 스스로 블록을 다섯 개 쌓아 보라고 한다.
- 수행되면 유아의 특성에 맞는 적절한 강화제를 제공한다.

88 지시하면 또래와 장난감이나 음식 나누기 `3~4세`

목표 | 지시하면 또래와 장난감이나 음식을 나눌 수 있다.

자료 | 장난감, 음식, 강화제

방법 ❶

- 교사가 다른 유아에게 장난감이나 음식을 또래에게 나누어 주라고 지시하면 다른 유아가 나누어 주는 시범을 보인다.
- 교사가 유아에게 또래에게 장난감이나 음식을 나누어 주라고 지시하면 유아가 다른 유아를 모방하여 나누어 준다.
- 수행되면 교사가 유아에게 장난감이나 음식을 또래에게 나누어 주라고 지시할 때 유아 스스로 나누어 주라고 한다.
- 수행되면 유아의 특성에 맞는 적절한 강화제를 제공한다.

방법 ❷

- 교사가 다른 유아에게 예를 들어 과자를 또래에게 나누어 주라고 지시하면 다른

유아가 과자를 나누어 주는 시범을 보인다.

- 교사가 유아에게 또래에게 과자를 나누어 주라고 지시하면 유아가 다른 유아를 모방하여 나누어 준다.
- 모방하지 못하면 교사가 유아에게 과자를 또래에게 나누어 주라고 지시한 후 유아의 손을 잡고 나누어 준다.
- 교사가 유아에게 과자를 또래에게 나누어 주라고 지시한 후 유아의 손을 과자 가까이 대 준 다음 나누어 주라고 한다.
- 나누지 못하면 교사가 유아에게 과자를 또래에게 나누어 주라고 지시한 후 유아의 손을 잡고 또래에게 과자를 나누어 주는 동작을 반복해 준다.
- 수행되면 교사가 유아에게 과자를 또래에게 나누어 주라고 지시한 후 과자를 가리키며 나누어 주라고 한다.
- 도움을 점차 줄여 간다.
- 수행되면 유아에게 과자를 또래에게 나누어 주라고 지시할 때 유아 스스로 또래에게 과자를 나누어 주라고 한다.
- 수행되면 유아의 특성에 맞는 적절한 강화제를 제공한다.

방법 ❸

- 교사가 예를 들어 블록을 다른 유아와 각각 나누어 가진 후 교사가 지시하면 서로의 블록을 나누는 시범을 보인다.
- 교사가 블록을 유아와 각각 나누어 가진 후 유아에게 블록을 한 개 준 다음 유아에게 교사를 모방하여 블록을 한 개 나누어 달라고 한다.
- 모방하지 못하면 교사가 유아에게 블록을 한 개 준 다음 유아의 손을 잡고 교사에게 블록을 한 개 나누어 준다.
- 교사가 유아가 가진 블록 가까이 손을 대 준 후 교사에게 블록을 한 개 나누어 달라고 한다.
- 주지 못하면 교사가 유아의 손을 잡고 교사에게 블록을 한 개 나누어 주는 동작을

반복해 준다.

- 수행되면 교사가 블록을 가리키며 유아에게 한 개 나누어 달라고 한다.
- 도움을 점차 줄여 간다.
- 수행되면 교사가 지시할 때 유아 스스로 교사에게 블록을 한 개 나누어 주라고 한다.
- 수행되면 교사가 지시할 때 유아 스스로 교사에게 블록을 여러 개 나누어 주라고 한다.
- 수행되면 교사가 지시할 때 다른 장난감이나 음식을 또래와 나누는 것도 블록을 나누는 것을 지도한 것과 같은 방법으로 지도한다.
- 수행되면 유아의 특성에 맞는 적절한 강화제를 제공한다.

89 인형에게 음식 먹이는 시늉하기 `3~4세`

목표 | 인형에게 음식 먹이는 시늉을 할 수 있다.
자료 | 음식물, 숟가락, 인형, 강화제

방법 ❶

- 교사가 인형에게 음식을 먹이는 시늉을 하는 시범을 보인다.
- 유아에게 교사를 모방하여 인형에게 음식을 먹이는 시늉을 해 보라고 한다.
- 수행되면 유아 스스로 인형에게 음식을 먹이는 시늉을 해 보라고 한다.
- 수행되면 유아의 특성에 맞는 적절한 강화제를 제공한다.

방법 ❷

- 교사가 예를 들어 인형에게 우유를 먹이는 시늉을 하는 시범을 보인다.
- 유아에게 교사를 모방하여 인형에게 우유를 먹이는 시늉을 해 보라고 한다.

- 모방하지 못하면 교사가 인형의 입에 우유를 대 준 후 유아에게 우유를 먹이는 시늉을 하게 해 준다.
- 교사가 인형의 입 가까이 우유를 대 준 후 유아에게 우유를 먹이는 시늉을 해 보라고 한다.
- 하지 못하면 교사가 인형의 입에 우유를 대 준 후 유아에게 우유를 먹이는 시늉을 하는 동작을 반복해 준다.
- 도움을 점차 줄여 간다.
- 수행되면 유아 스스로 인형에게 우유를 먹이는 시늉을 해 보라고 한다.
- 수행되면 유아의 특성에 맞는 적절한 강화제를 제공한다.

지시하면 친숙한 사람과 포옹하기　　　　3~4세

목표 | 지시하면 친숙한 사람과 포옹할 수 있다.
자료 | 강화제

방법 ❶
- 교사가 다른 유아에게 친숙한 사람과 포옹하라고 지시하면 다른 유아가 포옹하는 시범을 보인다.
- 교사가 유아에게 친숙한 사람과 포옹하라고 지시하면 다른 유아를 모방하여 포옹해 보라고 한다.
- 수행되면 교사가 유아에게 친숙한 사람과 포옹하라고 지시하면 유아 스스로 포옹해 보라고 한다.
- 수행되면 유아의 특성에 맞는 적절한 강화제를 제공한다.

방법 ❷
- 교사가 예를 들어 다른 유아에게 친숙한 또래를 포옹하라고 지시하면 포옹하는 시범을 보인다.
- 교사가 유아에게 친숙한 또래와 포옹하라고 지시하면 다른 유아를 모방하여 포옹해 보라고 한다.
- 모방하지 못하면 교사가 유아에게 친숙한 또래를 포옹하라고 지시한 후 유아의 양팔을 또래에게 대 준 다음 포옹하게 해 준다.
- 교사가 유아에게 친숙한 또래를 포옹하라고 지시한 후 유아의 양팔을 또래 가까이 대 준 다음 포옹하라고 한다.
- 하지 못하면 교사가 유아에게 또래를 포옹하라고 지시한 후 유아의 양팔을 또래에게 대 준 다음 포옹하는 동작을 반복해 준다.

- 수행되면 교사가 유아에게 또래를 포옹하라고 지시한 후 유아의 한 팔을 또래에게 대 준 다음 포옹하라고 한다.
- 도움을 점차 줄여 간다.
- 수행되면 교사가 유아에게 또래를 포옹하라고 지시하면 유아 스스로 포옹해 보라고 한다.
- 수행되면 유아의 특성에 맞는 적절한 강화제를 제공한다.

91 커피 마시는 시늉하기 3~4세

목표 | 커피 마시는 시늉을 할 수 있다.

자료 | 장난감 커피 잔, 강화제

방법 ❶

- 교사가 커피 마시는 시늉을 하는 시범을 보인다.
- 유아에게 교사를 모방하여 커피 마시는 시늉을 해 보라고 한다.
- 수행되면 유아 스스로 커피 마시는 시늉을 해 보라고 한다.
- 수행되면 유아의 특성에 맞는 적절한 강화제를 제공한다.

방법 ❷

- 교사가 커피 잔을 쥐는 시범을 보인다.
- 유아에게 교사를 모방하여 커피 잔을 쥐어 보라고 한다.
- 모방하지 못하면 교사가 유아의 손을 잡고 커피 잔을 쥐어 준다.
- 교사가 커피 잔에 유아의 손을 대 준 후 유아에게 커피 잔을 쥐어 보라고 한다.
- 쥐지 못하면 교사가 유아의 손을 잡고 커피 잔을 쥐는 동작을 반복해 준다.
- 도움을 점차 줄여 간다.

- 수행되면 유아 스스로 교사를 모방하여 커피 잔을 쥐어 보라고 한다.
- 수행되면 교사가 커피 잔을 쥐고 커피 마시는 시늉을 하는 시범을 보인다.
- 유아에게 교사를 모방하여 커피 잔을 쥐고 커피 마시는 시늉을 해 보라고 한다.
- 모방하지 못하면 교사가 유아의 손을 쥐고 커피 마시는 시늉을 해 준다.
- 교사가 커피 잔에 유아의 입에 대 준 후 유아에게 마시는 시늉을 해 보라고 한다.
- 하지 못하면 교사가 유아의 손을 잡고 커피 마시는 시늉을 반복해 준다.
- 도움을 점차 줄여 간다.
- 수행되면 유아 스스로 교사를 모방하여 커피 마시는 시늉을 해 보라고 한다.
- 수행되면 유아의 특성에 맞는 적절한 강화제를 제공한다.

92 낯선 사람 보면 수줍어하기 3~4세

목표 | 낯선 사람을 보면 수줍어할 수 있다.
자료 | 강화제

방법 ❶

- 교사가 낯선 사람을 보면 수줍어하는 시범을 보인다.
- 유아에게 교사를 모방하여 낯선 사람을 보면 수줍어해 보라고 한다.
- 수행되면 유아 스스로 낯선 사람을 보면 수줍어해 보라고 한다.
- 수행되면 유아의 특성에 맞는 적절한 강화제를 제공한다.

방법 ❷

- 교사가 예를 들어 낯선 사람을 보면 수줍어 고개를 돌리는 시범을 보인다.
- 유아에게 교사를 모방하여 낯선 사람을 보면 수줍어 고개를 돌려 보라고 한다.
- 모방하지 못하면 유아가 낯선 사람을 볼 때 교사가 유아의 고개를 잡고 돌려 준다.
- 낯선 사람을 보면 교사가 유아의 고개에 손을 살짝 대 준 후 유아에게 고개를 돌려 보라고 한다.
- 돌리지 못하면 유아가 낯선 사람을 볼 때 교사가 유아의 고개를 잡고 돌려 주는 동작을 반복해 준다.
- 도움을 점차 줄여 간다.
- 수행되면 유아 스스로 낯선 사람을 보면 수줍어 고개를 돌려 보라고 한다.
- 수행되면 유아의 특성에 맞는 적절한 강화제를 제공한다.

93 전화받는 행동 모방하기

목표 | 전화받는 행동을 모방할 수 있다.

자료 | 전화, 강화제

방법 ❶

- 교사가 전화받는 행동을 모방하는 시범을 보인다.
- 유아에게 교사를 모방하여 전화받는 행동을 모방해 보라고 한다.
- 수행되면 유아 스스로 전화받는 행동을 모방해 보라고 한다.
- 수행되면 유아의 특성에 맞는 적절한 강화제를 제공한다.

방법 ❷

- 교사가 전화받는 행동을 모방하는 시범을 보인다.
- 유아에게 교사를 모방하여 전화받는 행동을 모방해 보라고 한다.
- 모방하지 못하면 교사가 유아의 손을 잡고 귀에 전화기를 대 준다.
- 교사가 유아의 손에 전화기를 준 후 교사를 모방하여 전화를 받아 보라고 한다.
- 받지 못하면 교사가 유아의 손을 잡고 귀에 전화기를 대 주는 동작을 반복해 준다.
- 도움을 점차 줄여 간다.
- 수행되면 유아 스스로 교사의 행동을 모방하여 전화를 받아 보라고 한다.
- 수행되면 유아의 특성에 맞는 적절한 강화제를 제공한다.

머리 빗는 행동 모방하기 3~4세

목표 | 머리 빗는 행동을 모방할 수 있다.

자료 | 빗, 강화제

방법 ❶

- 교사가 머리를 빗는 시범을 보인다.
- 유아에게 교사를 모방하여 머리를 빗어 보라고 한다.
- 수행되면 유아 스스로 교사의 행동을 모방하여 머리를 빗어 보라고 한다.
- 수행되면 유아의 특성에 맞는 적절한 강화제를 제공한다.

방법 ❷

- 교사가 머리를 빗는 시범을 보인다.
- 유아에게 교사를 모방하여 머리를 빗어 보라고 한다.
- 모방하지 못하면 교사가 유아의 손을 잡고 머리에 빗을 대 준 후 머리를 빗어 준다.
- 교사가 유아의 손에 빗을 쥐어 준 후 교사를 모방하여 머리를 빗어 보라고 한다.
- 빗지 못하면 교사가 유아의 손을 잡고 머리에 빗을 대 준 후 머리를 빗는 동작을 반복해 준다.
- 교사가 빗을 유아의 머리 가까이 대 준 후 교사를 모방하여 머리를 빗어 보라고 한다.
- 수행되면 교사가 빗을 가리키며 교사를 모방하여 머리를 빗어 보라고 한다.
- 도움을 점차 줄여 간다.
- 수행되면 유아 스스로 성인의 행동을 모방하여 머리를 빗어 보라고 한다.
- 수행되면 유아의 특성에 맞는 적절한 강화제를 제공한다.

지시하면 또래와 팔짱 끼기

목표 | 지시하면 또래와 팔짱을 낄 수 있다.
자료 | 강화제

방법 ❶

- 교사가 다른 유아에게 또래와 팔짱을 끼라고 지시하면 팔짱을 끼는 시범을 보인다.
- 교사가 유아에게 또래와 팔짱을 끼라고 지시하면 다른 유아를 모방하여 팔짱을 껴 보라고 한다.
- 수행되면 교사가 유아에게 또래와 팔짱을 끼라고 지시할 때 유아 스스로 팔짱을 껴 보라고 한다.
- 수행되면 유아의 특성에 맞는 적절한 강화제를 제공한다.

방법 ❷

- 교사가 다른 유아에게 또래와 팔짱을 끼라고 지시하면 팔짱을 끼는 시범을 보인다.
- 교사가 유아에게 또래와 팔짱을 끼라고 지시하면 다른 유아를 모방하여 팔짱을 껴 보라고 한다.
- 모방하지 못하면 교사가 유아에게 또래와 팔짱을 끼라고 지시한 후 유아의 손을 잡고 또래의 팔짱에 팔을 껴 준다.
- 교사가 유아에게 또래와 팔짱을 끼라고 지시한 후 다른 유아의 팔에 유아의 팔을 끼울 수 있도록 대 준 다음 유아에게 팔짱을 껴 보라고 지시한다.
- 끼지 못하면 유아에게 또래와 팔짱을 끼라고 지시한 후 교사가 유아의 손을 잡고 또래의 팔짱에 팔을 껴 주는 동작을 반복해 준다.

- 수행되면 교사가 다른 유아 옆에 유아를 세워 준 후 팔짱을 껴 보라고 한다.
- 도움을 점차 줄여 간다.
- 수행되면 교사가 유아에게 또래와 팔짱을 끼라고 지시할 때 유아 스스로 팔짱을 껴 보라고 한다.
- 수행되면 유아의 특성에 맞는 적절한 강화제를 제공한다.

96 자신이 하는 행동 봐 주기를 요청하기 3~4세

목표 | 자신이 하는 행동을 봐 주기를 요청할 수 있다.

자료 | 다양한 장난감, 강화제

방법 ❶

- 교사가 유아에게 교사가 하고 있는 행동을 봐 달라고 "나 좀 봐." 혹은 "나 쳐다 봐."라고 말하는 시범을 보인다.
- 유아에게 교사를 모방하여 유아가 하고 있는 행동을 봐 달라고 또래나 교사에게 "나 좀 봐." 혹은 "나 쳐다봐."라고 말해 보라고 한다.
- 수행되면 유아 스스로 자신이 하고 있는 행동을 봐 달라고 또래나 교사에게 "나 좀 봐." 혹은 "나 쳐다봐."라고 말해 보라고 한다.
- 수행되면 유아의 특성에 맞는 적절한 강화제를 제공한다.

방법 ❷

- 교사가 유아에게 교사가 하고 있는 행동을 봐 달라고 "나 좀 봐." 혹은 "나 쳐다 봐."라고 말하는 시범을 보인다.
- 유아에게 교사를 모방하여 유아가 하고 있는 행동을 봐 달라고 또래나 교사에게 "나 좀 봐." 혹은 "나 쳐다봐."라고 말해 보라고 한다.
- 모방하지 못하면 유아가 하고 있는 행동을 봐 주어야 하는 상황(예: 퍼즐을 못 맞추고 있는 경우)에서 교사가 "나 좀."이라고 말해 준 후 유아에게 교사를 모방하여 또래나 교사에게 "나 좀 봐." 혹은 "나 쳐다봐."라고 말하게 해 준다.
- 말하지 못하면 유아가 하고 있는 행동을 봐 주어야 하는 상황에서 교사가 "나 좀."이라고 말해 준 후 유아에게 교사를 모방하여 또래나 교사에게 "나 좀 봐." 혹은 "나 쳐다봐."라는 말을 반복하게 해 준다.

- 도움을 점차 줄여 간다.
- 수행되면 유아 스스로 자신이 하고 있는 행동을 봐 달라고 또래나 교사에게 "나 좀 봐." 혹은 "나 쳐다봐."라고 말해 보라고 한다.
- 수행되면 유아의 특성에 맞는 적절한 강화제를 제공한다.

☞ 언어 표현이 어려운 경우 행동으로 교사를 끌어당겨 자신이 하는 행동을 봐 주기를 요청하도록 지도해도 된다.

97 손에 닿지 않는 물건을 건네 달라고 손짓하기 3~4세

목표 │ 손에 닿지 않는 물건을 성인에게 건네 달라고 손짓할 수 있다.
자료 │ 다양한 물건, 강화제

방법 ❶

- 교사가 손에 닿지 않는 물건을 다른 교사에게 건네 달라고 손짓하는 시범을 보인다.
- 유아에게 교사를 모방하여 손에 닿지 않는 물건을 다른 교사에게 건네 달라고 손짓해 보라고 한다.
- 수행되면 유아 스스로 손에 닿지 않는 물건을 다른 교사에게 건네 달라고 손짓해 보라고 한다.
- 수행되면 유아의 특성에 맞는 적절한 강화제를 제공한다.

방법 ❷

- 교사가 예를 들어 손에 닿지 않는 과자를 다른 교사에게 건네 달라고 손짓하는 시범을 보인다.

- 유아에게 교사를 모방하여 손에 닿지 않는 과자를 다른 교사에게 건네 달라고 손짓해 보라고 한다.
- 모방하지 못하면 교사가 유아의 손을 잡고 손에 닿지 않는 과자를 다른 교사에게 건네 달라고 손짓해 준다.
- 교사가 손에 닿지 않는 과자를 유아에게 보여 준 후 유아의 손을 들어 준 다음 다른 교사에게 건네 달라고 손짓해 보라고 한다.
- 하지 못하면 교사가 유아의 손을 잡고 손에 닿지 않는 과자를 다른 교사에게 건네 달라고 손짓하는 동작을 반복해 준다.
- 도움을 점차 줄여 간다.
- 수행되면 유아 스스로 손에 닿지 않는 과자를 다른 교시에게 건네 달라고 손짓해 보라고 한다.
- 수행되면 유아의 특성에 맞는 적절한 강화제를 제공한다.

98 지시하면 간단한 집안일 모방하기 `3~4세`

목표 | 지시하면 간단한 집안일을 모방할 수 있다.
자료 | 장난감 청소기 등, 강화제

방법 ❶
- 교사가 다른 유아에게 예를 들어 장난감 청소기로 바닥을 밀어 보라고 지시하면 바닥을 미는 시범을 보인다.
- 교사가 유아에게 장난감 청소기로 바닥을 밀어 보라고 지시할 때 다른 유아를 모방하여 바닥을 밀어 보라고 한다.
- 수행되면 교사가 유아에게 장난감 청소기로 바닥을 밀어 보라고 지시할 때 유아 스스로 다른 유아를 모방하여 바닥을 밀어 보라고 한다.

- 수행되면 유아의 특성에 맞는 적절한 강화제를 제공한다.

방법 ❷

- 교사가 다른 유아에게 예를 들어 장난감 청소기로 바닥을 밀어 보라고 지시하면 바닥을 미는 시범을 보인다.
- 유아에게 장난감 청소기로 바닥을 밀어 보라고 지시할 때 다른 유아를 모방하여 바닥을 밀어 보라고 한다.
- 모방하지 못하면 교사가 유아에게 다른 유아를 모방하여 장난감 청소기로 바닥을 밀어 보라고 지시한 후 유아의 손을 잡고 바닥을 밀어 준다.
- 교사가 유아에게 장난감 청소기로 바닥을 밀어 보라고 지시한 후 장난감 청소기에 유아의 손을 대 준 다음 바닥을 밀어 보라고 한다.
- 밀지 못하면 유아에게 장난감 청소기로 바닥을 밀어 보라고 지시한 후 교사가 유아의 손을 잡고 바닥을 미는 동작을 반복해 준다.
- 도움을 점차 줄여 간다.
- 수행되면 교사가 유아에게 장난감 청소기로 바닥을 밀어 보라고 지시할 때 유아 스스로 다른 유아를 모방하여 바닥을 밀어 보라고 한다.
- 수행되면 유아의 특성에 맞는 적절한 강화제를 제공한다.

99 도움이 필요할 때 요청하기 3~4세

목표 | 도움이 필요할 때 요청할 수 있다.

자료 | 다양한 물건, 강화제

방법 ❶

- 교사가 도움이 필요할 때 요청하는 시범을 보인다.
- 유아에게 교사를 모방하여 도움이 필요할 때 요청해 보라고 한다.

- 수행되면 유아 스스로 도움이 필요할 때 요청해 보라고 한다.
- 수행되면 유아의 특성에 맞는 적절한 강화제를 제공한다.

방법 ❷

- 교사가 예를 들어 혼자 물건을 들 수 없을 때 유아에게 도와 달라고 말하거나 시늉하는 시범을 보인다.
- 유아에게 교사를 모방하여 혼자 물건을 들 수 없을 때 교사에게 도와 달라고 말하거나 시늉을 해 보라고 한다.
- 모방하지 못하면 유아가 혼자 물건을 들 수 없을 때 교사에게 도와 달라고 말하거나 시늉을 하면 교사가 유아의 손을 잡고 물건을 같이 들어 준다.
- 유아가 혼자 물건을 들 수 없을 때 교사에게 도와 달라고 말하거나 시늉을 하면 교사가 유아의 손을 물건에 대 준 다음 도와 준다.
- 요청하지 못하면 유아가 혼자 물건을 들 수 없을 때 교사에게 도와 달라고 말하거나 시늉을 하면 교사가 유아의 손을 잡고 물건을 같이 들어 주는 동작을 반복해 준다.
- 도움을 점차 줄여 간다.
- 수행되면 유아가 혼자 물건을 들 수 없을 때 유아 스스로 도와 달라고 말하거나 시늉을 해 보라고 한다.
- 수행되면 유아의 특성에 맞는 적절한 강화제를 제공한다.

☞ 각 물건이 필요한 상황(예: 물이나 손을 닦기 위해 휴지가 필요한 경우)을 의도적으로 만들어 놓고 지도하는 경우 수행되면 실제 도움이 필요한 상황에서 적용할 수 있도록 일상생활 속에서 지도하도록 한다.

100 위로하려는 행동이나 말하기 3~4세

목표 | 위로하려는 행동이나 말을 할 수 있다.

자료 | 강화제

방법 ❶

- 교사가 예를 들어 유아가 무릎을 다쳐 아파할 때 "호~" 하고 불어 주거나 울고 있을 때 "울지 마."라고 말하는 시범을 보인다.
- 유아에게 교사를 모방하여 또래가 무릎을 다쳐 아파할 때 "호~" 하고 불어 주거나 울고 있을 때 "울지 마."라고 말해 보라고 한다.
- 수행되면 또래가 무릎을 다쳐 아파할 때 유아 스스로 "호~" 하고 불어 주거나 울고 있을 때 "울지 마."라고 말해 보라고 한다.
- 수행되면 유아의 특성에 맞는 적절한 강화제를 제공한다.

방법 ❷

- 교사가 예를 들어 유아가 무릎을 다쳐 아파할 때 "호~" 하고 불어 주는 시범을 보인다.
- 유아에게 교사를 모방하여 또래가 무릎을 다쳐 아파할 때 "호~" 하고 불어 보라고 한다.
- 모방하지 못하면 또래가 무릎을 다쳐 아파할 때 교사가 유아의 입을 무릎에 대 준 후 "호~" 하고 불게 해 준다.
- 또래가 무릎을 다쳐 아파할 때 교사가 유아의 입을 무릎 가까이 대 준 후 "호~" 하고 불어 보라고 한다.
- 불지 못하면 또래가 무릎을 다쳐 아파할 때 교사가 유아의 입을 무릎에 대 준 후 "호~" 하고 부는 동작을 반복해 준다.

- 도움을 점차 줄여 간다.
- 수행되면 또래가 무릎을 다쳐 아파할 때 유아 스스로 "호~" 하고 불어 보라고 한다.
- 수행되면 유아의 특성에 맞는 적절한 강화제를 제공한다.

101 아픔 표현하기 3~4세

목표 | 아프면 표현을 할 수 있다.
자료 | 강화제

방법 ❶
- 교사가 아프면 표현(말을 하거나 아픈 표정을 짓는)을 하는 시범을 보인다.
- 유아에게 교사를 모방하여 아프면 표현(말을 하거나 아픈 표정을 짓는)을 해 보라고 한다.
- 수행되면 유아 스스로 아프면 표현을 해 보라고 한다.
- 수행되면 유아의 특성에 맞는 적절한 강화제를 제공한다.

방법 ❷
- 교사가 아프면 표현(말을 하거나 아픈 표정을 짓는)을 하는 시범을 보인다.
- 유아에게 교사를 모방하여 아프면 표현(말을 하거나 아픈 표정을 짓는)을 해 보라고 한다.
- 모방하지 못하면 교사가 "아파."라고 말해 준 후 유아에게 "아파요."라고 말해 보라고 한다.
- 교사가 "아."라고 말해 준 후 유아에게 "아파요."라고 말해 보라고 한다.
- 하지 못하면 교사가 "아파."라고 말해 준 후 유아에게 "아파요."라고 말할 수 있도

록 반복해 준다.

- 도움을 점차 줄여 간다.
- 수행되면 유아 스스로 아프면 말을 하거나 아픈 표정을 지어 보라고 한다.
- 수행되면 유아의 특성에 맞는 적절한 강화제를 제공한다.

3~4
세

102 지시하면 또래 데려오기

목표 | 지시하면 또래를 데려올 수 있다.

자료 | 강화제

방법 ❶

- 교사가 다른 유아에게 또래를 데려오라고 지시하면 다른 유아가 또래를 데려오는 시범을 보인다.
- 교사가 유아에게 또래를 데려오라고 지시하면 다른 유아를 모방하여 또래를 데려와 보라고 한다.
- 수행되면 교사가 유아에게 또래를 데려오라고 지시할 때 유아 스스로 또래를 데려와 보라고 한다.
- 수행되면 유아의 특성에 맞는 적절한 강화제를 제공한다.

방법 ❷

- 교사가 다른 유아에게 또래를 데려오라고 지시하면 데려오는 시범을 보인다.
- 교사가 유아에게 또래를 데려오라고 지시하면 다른 유아를 모방하여 또래를 데려와 보라고 한다.
- 모방하지 못하면 교사가 유아에게 또래를 데려오라고 지시한 후 유아의 손을 잡

고 또래를 데려온다.

- 교사가 유아에게 또래를 데려오라고 지시한 후 유아의 손을 또래에게 대 준 다음 또래를 데려오라고 한다.
- 데려오지 못하면 교사가 유아에게 또래를 데려오라고 지시한 후 유아의 손을 잡고 또래를 데려오는 동작을 반복해 준다.
- 수행되면 교사가 유아에게 또래를 데려오라고 지시한 후 유아를 또래 가까이 세워 준 다음 또래를 데려오라고 한다.
- 도움을 점차 줄여 간다.
- 수행되면 교사가 유아에게 또래를 데려오라고 지시할 때 유아 스스로 또래를 데려와 보라고 한다.
- 수행되면 유아의 특성에 맞는 적절한 강화제를 제공한다.

103 다른 사람에게 관심 기울일 때 질투하기 4~5세

목표 │ 다른 사람에게 관심 기울일 때 질투를 할 수 있다.
자료 │ 강화제

방법 ❶

- 교사가 다른 사람에게 관심을 기울일 때 다른 유아가 질투를 하는 시범을 보인다.
- 교사가 다른 사람에게 관심을 기울일 때 유아에게 다른 유아를 모방하여 질투를 해 보라고 한다.
- 수행되면 교사가 다른 사람에게 관심을 기울일 때 유아 스스로 질투를 해 보라고 한다.
- 수행되면 유아의 특성에 맞는 적절한 강화제를 제공한다.

방법 ❷

- 교사가 예를 들어 유아를 안아 주고 뽀뽀해 주면 다른 유아가 뾰로통한 표정을 짓는 시범을 보인다.
- 교사가 다른 유아를 안아 주고 뽀뽀해 주면 유아에게 다른 유아를 모방하여 뾰로통한 표정을 지어 보라고 한다.
- 모방하지 못하면 교사가 다른 유아를 안아 주고 뽀뽀해 줄 때 유아가 뾰로통한 표정을 지을 수 있도록 교사가 뾰로통한 표정을 지어 준다.
- 뾰로통한 표정을 짓지 못하면 교사가 유아를 안아 주고 뽀뽀해 줄 때 유아가 뾰로통한 표정을 지을 수 있도록 교사가 뾰로통한 표정을 짓는 것을 반복해 준다.
- 도움을 점차 줄여 간다.
- 수행되면 교사가 유아를 안아 주고 뽀뽀해 줄 때 유아 스스로 뾰로통한 표정을 지어 보라고 한다.
- 수행되면 유아의 특성에 맞는 적절한 강화제를 제공한다.

104 감정 드러내기 `4~5세`

목표 │ 상황에 맞게 감정을 드러낼 수 있다.
자료 │ 표정이 그려져 있는 자료 또는 그림책, 강화제

방법 ❶

- 교사가 표정(웃음, 울음, 화남 등)이 그려져 있는 자료나 그림책을 보며 상황에 맞게 각 표정을 짓는 시범을 보인다.
- 유아에게 교사를 모방하여 상황에 맞게 각 표정을 지어 보라고 한다.
- 수행되면 유아 스스로 상황에 맞게 각 표정을 지어 보라고 한다.
- 수행되면 유아의 특성에 맞는 적절한 강화제를 제공한다.

방법 ❷

- 교사가 예를 들어 넘어져 피가 나는 상황의 그림을 보고 우는 표정을 짓는 시범을 보인다.
- 유아에게 피가 나는 상황의 그림을 보여 주며 교사를 모방하여 우는 표정을 지어 보라고 한다.
- 모방하지 못하면 교사가 피가 나는 상황의 그림을 제시한 후 우는 그림과 웃는 그림을 보여 주며 상황에 맞는 표정을 찾아보라고 한다.
- 수행되면 교사가 피가 나는 상황의 그림을 제시한 후 "엉엉." 소리 내어 우는 시늉을 하면서 유아에게 우는 표정을 지어 보라고 한다.
- 짓지 못하면 교사가 "엉엉." 소리 내어 우는 시늉을 하면서 유아에게 우는 표정을 짓는 것을 반복해 준다.
- 도움을 점차 줄여 간다.
- 수행되면 교사가 피가 나는 상황의 그림을 제시할 때 유아 스스로 우는 표정을 지어 보라고 한다.
- 수행되면 다른 상황도 우는 표정을 짓는 것을 지도한 것과 같은 방법으로 지도한다.
- 수행되면 다양한 상황에서 각 각 적절한 표정을 지을 수 있도록 지도한다.
- 수행되면 유아의 특성에 맞는 적절한 강화제를 제공한다.

4~5
세

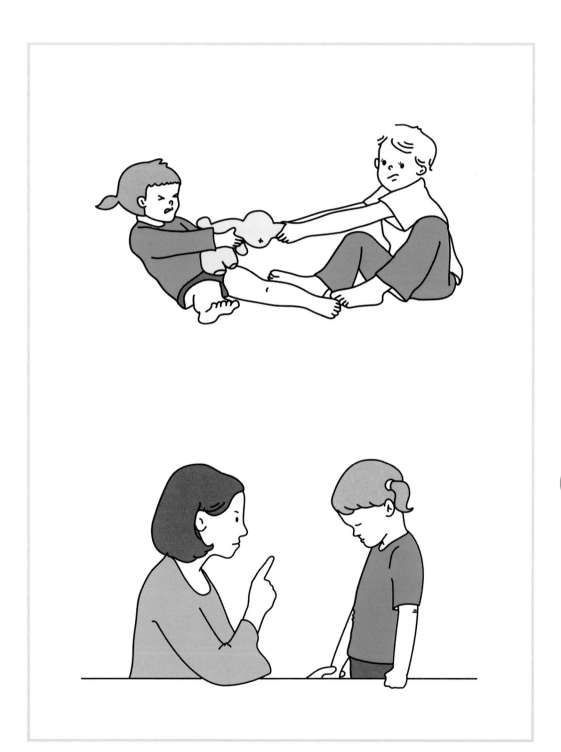

105 인형 머리카락 빗겨 주기 4~5세

목표 | 인형의 머리카락을 빗겨 줄 수 있다.

자료 | 인형, 빗, 강화제

방법 ❶

- 교사가 인형의 머리카락을 빗겨 주는 시범을 보인다.
- 유아에게 교사를 모방하여 인형의 머리카락을 빗겨 보라고 한다.
- 수행되면 유아 스스로 인형의 머리카락을 빗겨 보라고 한다.
- 수행되면 유아의 특성에 맞는 적절한 강화제를 제공한다.

방법 ❷

- 교사가 빗을 쥐는 시범을 보인다.
- 유아에게 교사를 모방하여 빗을 쥐어 보라고 한다.
- 모방하지 못하면 교사가 유아의 손을 잡고 빗을 쥐어 준다.
- 쥐지 못하면 교사가 유아의 손을 잡고 빗을 쥐는 동작을 반복해 준다.
- 수행되면 교사가 유아의 손을 빗 가까이에 대 준 후 유아에게 빗을 쥐어 보라고 한다.
- 수행되면 교사가 빗을 가리키며 유아에게 빗을 쥐어 보라고 한다.
- 수행되면 교사가 빗으로 인형의 머리카락을 빗겨 주는 시범을 보인다.
- 유아에게 교사를 모방하여 빗으로 인형의 머리카락을 빗겨 보라고 한다.
- 모방하지 못하면 교사가 유아의 손을 잡고 인형의 머리카락을 빗겨 준다.
- 교사가 유아에게 빗을 쥐라고 한 후 인형의 머리카락 가까이 빗을 대 준 다음 인형의 머리카락을 빗겨 보라고 한다.
- 빗기지 못하면 교사가 유아에게 빗을 쥐라고 한 후 인형의 머리카락 가까이 빗을

대 준 다음 인형의 머리카락을 빗기는 동작을 반복해 준다.

- 수행되면 교사가 유아에게 빗을 쥐라고 한 후 유아에게 인형의 머리카락을 빗겨 보라고 한다.
- 수행되면 교사가 인형의 머리카락을 가리키며 유아에게 인형의 머리카락을 빗겨 보라고 한다.
- 도움을 점차 줄여 간다.
- 수행되면 유아 스스로 인형의 머리카락을 빗겨 보라고 한다.
- 수행되면 유아의 특성에 맞는 적절한 강화제를 제공한다.

106 친구의 이름 둘 이상 말하기 4~5세

목표 | 친구의 이름을 둘 이상 말할 수 있다.
자료 | 강화제

방법 ❶

- 교사가 친구의 이름을 둘 이상 말하는 시범을 보인다.
- 유아에게 교사를 모방하여 친구의 이름을 둘 이상 말해 보라고 한다.
- 수행되면 유아 스스로 친구의 이름을 둘 이상 말해 보라고 한다.
- 수행되면 유아의 특성에 맞는 적절한 강화제를 제공한다.

방법 ❷

- 교사가 예를 들어 유아와 친숙한 친구의 이름을 "김소라."라고 말하는 시범을 보인다.
- 유아에게 교사를 모방하여 친숙한 친구의 이름을 "김소라."라고 말해 보라고 한다.

- 모방하지 못하면 교사가 "김소라."라고 반복해서 말해 준 후 유아에게 친구의 이름을 말하게 한다.
- 교사가 "김 소."라고 말해 준 후 유아에게 친구의 이름을 "김소라."라고 말해 보라고 한다.
- 하지 못하면 교사가 "김소라."라고 반복해서 말해 준 후 유아에게 친구의 이름을 반복해서 말하게 한다.
- 수행되면 교사가 "김."이라고 첫 글자를 말해 준 후 유아에게 친구의 이름을 "김소라."라고 말해 보라고 한다.
- 도움을 점차 줄여 간다.
- 수행되면 유아 스스로 친숙한 친구의 이름을 "김소라."라고 말해 보라고 한다.
- 수행되면 다른 친구의 이름도 같은 방법으로 지도한다.
- 수행되면 유아 스스로 친숙한 친구의 이름을 둘 이상 말해 보라고 한다.
- 수행되면 영아의 특성에 맞는 적절한 강화제를 제공한다.

107 바닥 닦기 〔4~5세〕

목표 | 바닥을 닦을 수 있다.

자료 | 휴지(걸레) 등, 강화제

방법 ❶
- 교사가 휴지(걸레)로 바닥을 닦는 시범을 보인다.
- 유아에게 교사를 모방하여 바닥을 닦아 보라고 한다.
- 수행되면 유아 스스로 바닥을 닦아 보라고 한다.
- 수행되면 유아의 특성에 맞는 적절한 강화제를 제공한다.

방법 ❷

- 교사가 휴지(걸레)로 바닥을 닦는 시범을 보인다.
- 유아에게 교사를 모방하여 바닥을 닦아 보라고 한다.
- 모방하지 못하면 교사가 유아의 손을 잡고 바닥을 닦아 준다.
- 교사가 휴지를 잡은 유아의 손을 바닥에 대 준 다음 닦아 보라고 한다.
- 닦지 못하면 교사가 유아의 손을 잡고 바닥을 닦는 동작을 반복해 준다.
- 도움을 점차 줄여 간다.
- 수행되면 유아 스스로 바닥을 닦아 보라고 한다.
- 수행되면 유아의 특성에 맞는 적절한 강화제를 제공한다.

108 자기 차례 지키기 [4~5세]

목표 ㅣ 차례를 지킬 수 있다.
자료 ㅣ 강화제

방법 ❶

- 교사가 예를 들어 놀이터에 서너 명의 유아를 데리고 나가서 줄을 세운 후 차례대로 미끄럼틀을 타는 시범을 보인다.
- 유아에게 다른 유아들을 모방하여 자기 차례를 지켜 미끄럼틀을 타 보라고 한다.
- 수행되면 유아 스스로 자기 차례를 지켜 미끄럼틀을 타 보라고 한다.
- 수행되면 유아의 특성에 맞는 적절한 강화제를 제공한다.

방법 ❷

- 교사가 예를 들어 놀이터에 서너 명의 유아를 데리고 나가서 줄을 세운 후 차례대로 미끄럼틀을 타는 시범을 보인다.

- 유아에게 다른 유아들을 모방하여 자기 차례를 지켜 미끄럼틀을 타 보라고 한다.
- 모방하지 못하면 교사가 유아의 뒤에 서서 유아의 어깨나 허리에 손을 얹은 다음 차례가 되면 미끄럼틀을 타게 해 준다.
- 교사가 유아의 옆에 서서 유아의 손을 잡고 차례를 지켜 미끄럼틀을 타 보라고 한다.
- 지키지 못하면 유아의 뒤에 서서 유아의 어깨나 허리에 손을 얹은 다음 차례가 되면 미끄럼틀을 타는 행동을 반복해 준다.
- 교사가 유아의 옆에 서 있으면서 유아에게 차례를 지켜 미끄럼틀을 타 보라고 한다.
- 도움을 점차 줄어 간다.
- 수행되면 유아 스스로 차례를 지켜 미끄럼틀을 타 보라고 한다.
- 수행되면 유아의 특성에 맞는 적절한 강화제를 제공한다.

방법 ❸
- 교사가 예를 들어 놀이터에 서너 명의 유아를 데리고 나가서 줄을 세운 후 차례대로 미끄럼틀을 타는 시범을 보인다.
- 유아에게 다른 유아들을 모방하여 자기 차례를 지켜 미끄럼틀을 타 보라고 한다.
- 모방하지 못하면 교사가 유아를 제일 앞쪽에 세운 후 유아의 손을 잡고 미끄럼틀을 타게 해 준다.
- 교사가 유아를 첫 번째 유아의 뒤에 세운 후 유아의 손을 잡은 다음 유아의 차례가 되면 미끄럼틀을 타 보라고 한다.
- 수행되면 교사가 유아를 두 번째 유아의 뒤에 세운 후 유아의 차례가 되었다는 신호를 해 주며 미끄럼틀을 타 보라고 한다.
- 지키지 못하면 유아를 첫 번째 유아의 뒤에 세운 후 유아의 손을 잡은 다음 유아의 차례가 되면 미끄럼틀을 타는 행동을 반복해 준다.
- 수행되면 유아를 두 번째 유아의 뒤에 세운 후 차례를 지켜 미끄럼틀을 타 보라고

한다.

• 수행되면 유아를 세 번째 유아의 뒤에 세운 후 차례를 지켜 미끄럼틀을 타 보라고
  한다.

• 도움을 점차 줄여 간다.

• 수행되면 유아 스스로 차례를 지켜 미끄럼틀을 타 보라고 한다.

• 수행되면 유아의 특성에 맞는 적절한 강화제를 제공한다.

4~5
세

친숙한 사람에게 스스로 인사하기 4~5세

목표 | 친숙한 사람에게 스스로 인사를 할 수 있다.

자료 | 강화제

방법 ❶

- 교사가 친숙한 사람에게 스스로 인사를 하는 시범을 보인다.
- 유아에게 교사를 모방하여 친숙한 사람에게 스스로 인사를 해 보라고 한다.
- 수행되면 유아 스스로 친숙한 사람에게 인사를 해 보라고 한다.
- 수행되면 유아의 특성에 맞는 적절한 강화제를 제공한다.

방법 ❷

- 교사가 친숙한 사람에게 스스로 인사를 하는 시범을 보인다.
- 유아에게 교사를 모방하여 친숙한 사람에게 스스로 인사를 해 보라고 한다.
- 모방하지 못하면 교사가 유아의 머리를 살짝 잡고 친숙한 사람에게 인사를 시켜 준다.
- 교사가 유아의 머리에 손을 살짝 대 준 후 친숙한 사람에게 스스로 인사를 해 보라고 한다.
- 하지 못하면 교사가 유아의 머리를 살짝 잡고 친숙한 사람에게 스스로 인사를 하는 동작을 반복해 준다.
- 수행되면 교사가 친숙한 사람을 가리키며 유아에게 스스로 인사를 해 보라고 한다.
- 도움을 점차 줄여 간다.
- 수행되면 유아 스스로 친숙한 사람에게 인사를 해 보라고 한다.
- 수행되면 유아의 특성에 맞는 적절한 강화제를 제공한다.

110 또래와 상호작용하기

목표 | 또래와 상호작용을 할 수 있다.

자료 | 강화제

방법 ❶

- 교사가 또래와 상호작용(예: 서로 줄을 당긴다)을 하는 시범을 보인다.
- 유아에게 교사를 모방하여 또래와 상호작용을 해 보라고 한다.
- 수행되면 유아 스스로 또래와 상호작용을 해 보라고 한다.
- 수행되면 유아의 특성에 맞는 적절한 강화제를 제공한다.

방법 ❷

- 교사가 또래와 예를 들어 서로 줄을 당기는 시범을 보인다.
- 유아에게 교사를 모방하여 또래와 서로 줄을 당기는 놀이를 해 보라고 한다.
- 모방하지 못하면 교사가 유아의 손을 잡고 또래와 서로 줄을 당겨 준다.
- 교사가 유아의 손을 살짝 잡아 준 후 또래와 서로 줄을 당겨 보라고 한다.
- 당기지 못하면 교사가 유아의 손을 잡고 또래와 서로 줄을 당기는 동작을 반복해 준다.
- 수행되면 교사가 유아의 손에 손을 살짝 대 주며 또래와 서로 줄을 당겨 보라고 한다.
- 도움을 점차 줄여 간다.
- 수행되면 유아 스스로 또래와 서로 줄을 당기는 놀이를 해 보라고 한다.
- 수행되면 또래와 다양한 상호작용을 하는 것도 줄을 당기는 것과 같은 방법으로 지도한다.
- 수행되면 유아의 특성에 맞는 적절한 강화제를 제공한다.

성인이 이끄는 집단 놀이에서 규칙 따르기 4~5세

목표 | 성인이 이끄는 집단 놀이에서 규칙을 따를 수 있다.
자료 | 강화제

방법 ❶

- 교사가 예를 들어 터널 통과하기 놀이를 할 때는 차례를 지켜 기어서 지나가야 한다는 규칙을 설명한다.
- 교사가 터널 통과하기 놀이를 할 때 차례를 지켜 기어서 지나가는 규칙을 시범 보인다.
- 유아에게 교사를 모방하여 터널 통과하기 놀이에서 차례를 지켜 기어서 지나가 보라고 한다.
- 수행되면 유아 스스로 터널 통과하기 놀이에서 차례를 지켜 기어서 지나가 보라고 한다.
- 수행되면 유아의 특성에 맞는 적절한 강화제를 제공한다.

방법 ❷

- 교사가 예를 들어 터널 통과하기 놀이를 할 때는 차례를 지켜 기어서 지나가야 한다는 규칙을 설명한다.
- 교사가 터널 통과하기 놀이를 할 때 차례를 지켜 기어서 지나가는 규칙을 시범 보인다.
- 유아에게 교사를 모방하여 터널 통과하기 놀이에서 차례를 지켜 기어서 지나가 보라고 한다.
- 모방하지 못하면 터널을 통과할 때 교사가 유아의 손을 잡고 차례를 지켜 기어서 지나가게 해 준다.

- 유아가 터널을 통과할 때 교사가 유아의 옆에 서서 유아에게 차례를 지켜 기어서 지나가 보라고 한다.
- 하지 못하면 교사가 유아의 손을 잡고 차례를 지켜 기어서 지나가는 동작을 반복해 준다.
- 수행되면 교사가 유아에게 차례를 지켜 기어서 터널을 통과 해 보라고 한다.
- 도움을 점차 줄여 간다.
- 수행되면 유아 스스로 터널 통과하기 놀이에서 차례를 지켜 기어서 지나가 보라고 한다.
- 수행되면 유아의 특성에 맞는 적절한 강화제를 제공한다.

자기보다 어린아이를 껴안으며 애정 표현하기 4~5세

목표 | 자기보다 어린아이를 껴안으며 애정을 표현할 수 있다.
자료 | 강화제

방법 ❶

- 교사가 자기보다 어린아이를 껴안으며 애정을 표현하는 시범을 보인다.
- 유아에게 교사를 모방하여 자기보다 어린아이를 껴안으며 애정을 표현해 보라고 한다.
- 수행되면 유아 스스로 자기보다 어린아이를 껴안으며 애정을 표현해 보라고 한다.
- 수행되면 유아의 특성에 맞는 적절한 강화제를 제공한다.

방법 ❷

- 교사가 자기보다 어린아이를 껴안으며 애정을 표현하는 시범을 보인다.
- 유아에게 교사를 모방하여 자기보다 어린아이를 껴안으며 애정을 표현해 보라고 한다.
- 모방하지 못하면 교사가 유아의 손을 잡고 유아보다 어린아이를 껴안으며 애정을 표현하게 해 준다.
- 교사가 유아의 두 손을 유아보다 어린아이 허리에 살짝 대 준 후 유아에게 어린아이를 껴안으며 애정을 표현해 보라고 한다.
- 하지 못하면 교사가 유아의 손을 잡고 유아보다 어린아이를 껴안으며 애정을 표현하는 행동을 반복해 준다.
- 수행되면 교사가 유아의 한 손을 유아보다 어린아이의 허리에 살짝 손을 대 준 후 어린아이를 껴안으며 애정을 표현해 보라고 한다.

- 도움을 점차 줄여 간다.
- 수행되면 유아 스스로 자기보다 어린아이를 껴안으며 애정을 표현해 보라고 한다.
- 수행되면 유아의 특성에 맞는 적절한 강화제를 제공한다.

113 자신의 성별 말하기 $\quad$ 4~5세

목표 | 자신의 성별을 말할 수 있다.
자료 | 여자와 남자 인형, 여자와 남자 그림, 강화제

방법 ❶
- 교사가 자신의 성별을 말하는 시범을 보인다.
- 유아에게 교사를 모방하여 자신의 성별을 말해 보라고 한다.
- 수행되면 유아 스스로 자신의 성별을 말해 보라고 한다.
- 수행되면 유아의 특성에 맞는 적절한 강화제를 제공한다.

방법 ❷
- 교사가 예를 들어 자신을 "여자."라고 말하는 시범을 보인다.
- 유아에게 교사를 모방하여 자신을 "여자."라고 말해 보라고 한다.
- 모방하지 못하면 교사가 "여."라고 첫 글자를 말해 준 후 유아에게 "여자."라고 말하게 한다.
- 교사가 여자 인형이나 여자 그림들을 보여 주며 유아에게 "여자."라고 말해 보라고 한다.
- 말하지 못하면 교사가 "여자."라고 반복해서 말해 준 후 유아에게 "여자."라고 반복해서 말하게 해 준다.

193

• 도움을 점차 줄여 간다.

• 수행되면 유아 스스로 "여자."라고 말해 보라고 한다.

• 수행되면 유아의 특성에 맞는 적절한 강화제를 제공한다.

☞ 지도하는 유아의 성별에 맞게 위와 같은 방법으로 지도하면 된다.

다른 사람을 껴안으며 인사하기 4~5세

목표 | 다른 사람을 껴안으며 인사를 할 수 있다.

자료 | 강화제

방법 ❶

• 교사가 다른 사람을 껴안으며 인사를 하는 시범을 보인다.

• 유아에게 교사를 모방하여 다른 사람을 껴안으며 인사를 해 보라고 한다.

• 수행되면 유아 스스로 다른 사람을 껴안으며 인사를 해 보라고 한다.

• 수행되면 유아의 특성에 맞는 적절한 강화제를 제공한다.

방법 ❷

• 교사가 다른 사람을 껴안으며 인사를 하는 시범을 보인다.

• 유아에게 교사를 모방하여 다른 사람을 껴안으며 인사를 해 보라고 한다.

• 모방하지 못하면 교사가 유아의 손을 잡아 다른 사람을 껴안게 해 준 후 인사를
하게 한다.

• 교사가 유아의 손을 다른 사람의 허리에 살짝 대 준 후 다른 사람을 껴안으며 인
사를 해 보라고 한다.

• 하지 못하면 교사가 유아의 손을 잡아 다른 사람을 껴안게 해 준 후 인사를 하는
동작을 반복해 준다.

• 수행되면 교사가 유아의 손을 다른 사람의 허리에 살짝 대 준 후 껴안으며 인사를
해 보라고 한다.

• 도움을 점차 줄여 간다.

• 수행되면 유아 스스로 다른 사람을 껴안으며 인사를 해 보라고 한다.

• 수행되면 유아의 특성에 맞는 적절한 강화제를 제공한다.

115 다른 사람 방해하지 않기 4~5세

목표 ｜ 다른 사람을 방해하지 않을 수 있다.
자료 ｜ 강화제

방법 ❶

- 교사가 다른 사람을 방해하지 않는 시범을 보인다.
- 유아에게 교사를 모방하여 다른 사람을 방해하지 말라고 한다.
- 수행되면 유아 스스로 다른 사람을 방해하지 않도록 하라고 한다.
- 수행되면 유아의 특성에 맞는 적절한 강화제를 제공한다.

방법 ❷

- 교사가 예를 들어 또래 유아가 놀고 있는 것을 방해하지 않는 시범을 보인다.
- 유아에게 교사를 모방하여 또래가 놀고 있을 때 방해하지 말라고 한다.
- 모방하지 못하면 또래가 놀고 있을 때 유아가 방해하려고 하면 교사가 방해하지 못하도록 한다.
- 교사가 유아를 또래가 놀고 있는 곳에 데려다준 후 유아들이 놀고 있는 것을 보고 방해하지 말고 지나가 보라고 한다.
- 하지 못하면 교사가 또래가 놀고 있을 때 유아가 방해하려고 하면 교사가 방해하지 못하도록 반복해서 말린다.
- 도움을 점차 줄여 간다.
- 수행되면 유아 스스로 또래가 놀고 있을 때 방해하지 말라고 한다.
- 수행되면 유아의 특성에 맞는 적절한 강화제를 제공한다.

4~5
세

116 도움이 필요한 친구 도와주기 4~5세

목표 | 도움이 필요한 친구를 도와줄 수 있다.

자료 | 강화제

방법 ❶

- 교사가 도움(예: 휴지 주기, 포크로 반찬 집어 주기 등)이 필요한 친구를 도와주는 시범을 보인다.
- 유아에게 교사를 모방하여 도움이 필요한 친구를 도와 보라고 한다.
- 수행되면 유아 스스로 도움이 필요한 친구를 도와 보라고 한다.
- 수행되면 유아의 특성에 맞는 적절한 강화제를 제공한다.

방법 ❷

- 교사가 예를 들어 친구가 물을 마시고 싶어 하면 물을 가져다주는 시범을 보인다.
- 유아에게 교사를 모방하여 친구가 물을 마시고 싶어 하면 가져다주라고 한다.
- 모방하지 못하면 교사가 유아의 손을 잡고 물을 마시고 싶어 하는 친구에게 가져다주게 한다.
- 교사가 유아에게 물을 준 후 물을 마시고 싶어 하는 친구에게 가져다주라고 한다.
- 주지 못하면 교사가 유아의 손을 잡고 물을 마시고 싶어 하는 친구에게 가져다주는 동작을 반복해 준다.
- 도움을 점차 줄여 간다.
- 수행되면 유아 스스로 물을 마시고 싶어 하는 친구에게 물을 가져다주라고 한다.
- 수행되면 유아의 특성에 맞는 적절한 강화제를 제공한다.

지시하면 교실에서 물건 가져오기

목표 | 지시하면 교실에서 물건을 가져올 수 있다.

자료 | 다양한 물건, 강화제

방법 ❶

- 교사가 다른 교사가 지시하면 교실에서 물건을 가져오는 시범을 보인다.
- 유아에게 교사가 지시하면 교사를 모방하여 교실에서 물건을 가져와 보라고 한다.
- 수행되면 교사가 지시할 때 유아 스스로 교실에서 물건을 가져와 보라고 한다.
- 수행되면 유아의 특성에 맞는 적절한 강화제를 제공한다.

방법 ❷

- 교사가 예를 들어 다른 교사가 교실에서 '휴지'를 가져오라고 지시하면 휴지를 가져오는 시범을 보인다.
- 유아에게 교사가 교실에서 '휴지'를 가져오라고 지시하면 교사를 모방하여 휴지를 가져와 보라고 한다.
- 모방하지 못하면 교사가 교실에서 '휴지'를 가져오라고 지시하면 다른 교사가 유아의 손을 잡고 교사에게 '휴지'를 가져다준다.
- 교사가 교실에서 '휴지'를 가져오라고 지시하면 다른 교사가 유아의 손을 '휴지'에 대 준 후 교사에게 가져다주라고 한다.
- 가져오지 못하면 교사가 교실에서 '휴지'를 가져오라고 지시할 때 다른 교사가 유아의 손을 잡고 교사에게 '휴지'를 가져다주는 동작을 반복해 준다.
- 교사가 교실에서 '휴지'를 가져오라고 지시하면 다른 교사가 '휴지'를 가리키며 유아에게 교사에게 가져다주라고 한다.

- 도움을 점차 줄여 간다.
- 수행되면 교사가 교실에서 '휴지'를 가져오라고 지시하면 유아 스스로 휴지를 가져다준다.
- 수행되면 유아의 특성에 맞는 적절한 강화제를 제공한다.

118 간단한 집단 놀이에 참여하기 4~5세

목표 | 간단한 집단 놀이에 참여할 수 있다.
자료 | 강화제

방법 ❶

- 교사가 간단한 집단 놀이(박수치기, 춤, 노래 등)에 참여하는 시범을 보인다.
- 유아에게 교사를 모방하여 간단한 집단 놀이에 참여해 보라고 한다.
- 수행되면 유아 스스로 간단한 집단 놀이에 참여해 보라고 한다.
- 수행되면 유아의 특성에 맞는 적절한 강화제를 제공한다.

방법 ❷

- 교사가 예를 들어 음악을 틀어 놓고 유아들과 마음대로 춤을 추는 시범을 보인다.
- 교사가 음악을 틀어 준 후 유아에게 교사를 모방하여 또래와 마음대로 춤을 춰 보라고 한다.
- 모방하지 못하면 교사가 유아의 손을 잡고 또래와 마음대로 춤을 추게 해 준다.
- 추지 못하면 교사가 유아의 손을 잡고 또래와 마음대로 춤을 추는 동작을 반복해 준다.
- 도움을 점차 줄여 간다.
- 수행되면 교사가 음악을 틀어 준 후 유아 스스로 또래와 마음대로 춤을 춰 보라고 한다.
- 수행되면 유아의 특성에 맞는 적절한 강화제를 제공한다.

교사의 요구에 80% 따르기 `4~5세`

목표 | 교사가 요구하면 80% 따를 수 있다.

자료 | 장난감 등, 강화제

방법 ❶

- 교사가 다른 유아에게 또래를 도와주라고 지시하면 80% 정도 또래를 돕는 시범을 보인다.
- 교사가 유아에게 또래를 도와주라고 지시하면 다른 유아를 모방하여 80% 정도 도와 주라고 한다.
- 수행되면 교사가 유아에게 또래를 도와주라고 지시할 때 유아 스스로 80% 정도 도와주라고 한다.
- 수행되면 유아의 특성에 맞는 적절한 강화제를 제공한다.

방법 ❷

- 교사가 예를 들어 또래가 장난감을 정리하고 있을 경우 다른 유아에게 또래를 도와주라고 지시하면 80% 정도 돕는 시범을 보인다.
- 또래가 장난감을 정리하고 있을 경우 교사가 유아에게 도와주라고 지시하면 다른 유아를 모방하여 80% 정도 도와주라고 한다.
- 모방하지 못하면 교사가 유아의 손을 잡고 또래가 장난감을 정리하고 있는 것을 80% 정도 도와준다.
- 교사가 유아에게 장난감을 가리키며 또래를 80% 정도 도와주라고 한다.
- 도와주지 못하면 교사가 유아의 손을 잡고 또래가 장난감을 정리하고 있는 것을 80% 정도 도와주는 행동을 반복해 준다.
- 도움을 점차 줄여 간다.

`4~5 세`

- 수행되면 교사가 유아에게 또래를 도와주라고 지시할 때 유아 스스로 80% 정도 도와주라고 한다.
- 수행되면 유아의 특성에 맞는 적절한 강화제를 제공한다.

120 자기보다 어린아이 보살피기 4~5세

목표 | 자기보다 어린아이를 보살필 수 있다.

자료 | 강화제

방법 ❶

- 교사가 유아보다 어린아이를 보살피는(예: 휴지로 입 닦아 주기 등) 시범을 보인다.
- 유아에게 교사를 모방하여 자기보다 어린아이를 보살펴 주라고 한다.
- 수행되면 유아 스스로 자기보다 어린아이를 보살펴 주라고 한다.
- 수행되면 유아의 특성에 맞는 적절한 강화제를 제공한다.

방법 ❷

- 교사가 예를 들어 휴지로 어린아이의 입을 닦아 주는 시범을 보인다.
- 유아에게 교사를 모방하여 휴지로 자기보다 어린아이의 입을 닦아 주라고 한다.
- 모방하지 못하면 교사가 유아의 손을 잡고 자기보다 어린아이의 입을 닦아 준다.
- 교사가 유아에게 휴지를 준 후 자기보다 어린아이의 입을 닦아 주라고 한다.
- 닦지 못하면 교사가 유아의 손을 잡고 자기보다 어린아이의 입을 닦아 주는 동작을 반복해 준다.
- 도움을 점차 줄여 간다.
- 수행되면 유아 스스로 자기보다 어린아이의 입을 닦아 주라고 한다.
- 수행되면 유아의 특성에 맞는 적절한 강화제를 제공한다.

☞ 다른 사람을 배려하는 마음과 더불어 유아 스스로 다른 사람을 도울 수 있다는 것도 알게 되어 사회성을 함양할 수 있다.

121 인형 보살피기 4~5세

목표 | 인형을 보살필 수 있다.
자료 | 강화제

방법 ❶
- 교사가 인형을 보살피는(예: 인형에게 입맞춤하고 침대에 눕히기 등)시범을 보인다.
- 유아에게 교사를 모방하여 인형을 보살펴 주라고 한다.
- 수행되면 유아 스스로 인형을 보살펴 주라고 한다.
- 수행되면 유아의 특성에 맞는 적절한 강화제를 제공한다.

방법 ❷
- 교사가 예를 들어 인형에게 입맞춤하고 침대에 눕히는 시범을 보인다.
- 유아에게 교사를 모방하여 인형에게 입맞춤하고 침대에 눕혀 보라고 한다.
- 모방하지 못하면 교사가 유아의 입에 인형의 입을 대 준 다음 입맞춤하게 하고 침대에 눕혀 준다.
- 교사가 유아의 입 가까이 인형의 입을 대 준 후 입맞춤하게 하고 침대에 눕혀 보라고 한다.
- 하지 못하면 교사가 유아의 입에 인형의 입을 대 준 다음 입맞춤하게 하고 침대에 눕히는 동작을 반복해 준다.
- 도움을 점차 줄여 간다.
- 수행되면 유아 스스로 인형에게 입맞춤하고 침대에 눕혀 보라고 한다.

4~5세

- 수행되면 유아의 특성에 맞는 적절한 강화제를 제공한다.

122 혼자서 약 30분간 잡다한 일 하기 `4~5세`

목표 | 혼자서 약 30분간 잡다한 일을 할 수 있다.
자료 | 장난감 등, 강화제

방법 ❶

- 교사가 혼자서 약 30분간 잡다한 일(예: 인형 놀이, 퍼즐 맞추기, 그림책 보기 등)을 하는 시범을 보인다.
- 유아에게 교사를 모방하여 혼자서 약 30분간 잡다한 일을 해 보라고 한다.
- 수행되면 유아 스스로 혼자서 약 30분간 잡다한 일을 해 보라고 한다.
- 수행되면 유아의 특성에 맞는 적절한 강화제를 제공한다.

방법 ❷

- 교사가 예를 들어 인형 놀이를 하다가 퍼즐을 맞추는 등의 잡다한 일을 하는 시범을 보인다.
- 유아에게 교사를 모방하여 인형 놀이를 하다가 퍼즐을 맞추는 등의 잡다한 일을 해 보라고 한다.
- 모방하지 못하면 교사가 유아의 손을 잡고 인형 놀이를 하다가 퍼즐을 맞추는 등의 잡다한 일을 하게 해 준다.
- 교사가 유아의 손을 잡고 인형 놀이를 하다가 유아에게 퍼즐을 맞추어 보라고 한다.
- 하지 못하면 교사가 유아의 손을 잡고 인형 놀이를 하다가 퍼즐을 맞추는 등의 잡다한 일을 하는 동작을 반복해 준다.

- 도움을 점차 줄여 간다.
- 수행되면 유아 스스로 인형 놀이를 하다가 퍼즐을 맞추는 등의 잡다한 일을 해 보라고 한다.
- 수행되면 유아의 특성에 맞는 적절한 강화제를 제공한다.

123 간단한 심부름하기 4~5세

목표 | 간단한 심부름을 할 수 있다.
자료 | 컵, 동화책 등, 강화제

방법 ❶

- 교사가 다른 유아에게 예를 들어 컵을 가지고 오라고 지시하면 다른 유아가 컵을 가지고 오는 시범을 보인다.
- 교사가 유아에게 컵을 가지고 오라고 지시하면 다른 유아를 모방하여 컵을 가지고 와 보라고 한다.
- 수행되면 교사가 유아에게 컵을 가지고 오라고 할 때 유아 스스로 컵을 가지고 와 보라고 한다.
- 수행되면 유아의 특성에 맞는 적절한 강화제를 제공한다.

방법 ❷

- 교사가 다른 유아에게 예를 들어 동화책을 가지고 오라고 지시하면 다른 유아가 동화책을 가지고 오는 시범을 보인다.
- 교사가 유아에게 동화책을 가지고 오라고 지시하면 다른 유아를 모방하여 동화책을 가지고 와 보라고 한다.
- 모방하지 못하면 교사가 유아의 손을 잡고 동화책을 집어 교사에게 갖다준다.
- 교사가 동화책을 가리키며 유아에게 동화책을 가지고 와 보라고 한다.
- 가져오지 못하면 교사가 유아의 손을 잡고 동화책을 교사에게 갖다주는 동작을 반복해 준다.
- 도움을 점차 줄여 간다.
- 수행되면 교사가 유아에게 동화책을 가지고 오라고 지시할 때 유아 스스로 동화

책을 교사에게 가지고 와 보라고 한다.

• 수행되면 유아의 특성에 맞는 적절한 강화제를 제공한다.

124 장난감 제자리에 정리하기 4~5세

목표 | 장난감을 제자리에 정리할 수 있다.

자료 | 장난감, 상자 등, 강화제

방법 ❶

• 교사가 장난감을 가지고 놀다가 제자리에 정리하는 시범을 보인다.

• 유아에게 교사를 모방하여 장난감을 가지고 놀다가 제자리에 정리해 보라고 한다.

• 수행되면 장난감을 가지고 놀다가 유아 스스로 제자리에 정리해 보라고 한다.

• 수행되면 유아의 특성에 맞는 적절한 강화제를 제공한다.

방법 ❷

• 교사가 예를 들어 블록을 가지고 놀다가 제자리에 정리하는 시범을 보인다.

• 유아에게 교사를 모방하여 블록을 가지고 놀다가 제자리에 정리해 보라고 한다.

• 모방하지 못하면 교사가 유아가 가지고 놀던 블록을 유아의 손을 잡고 상자에 넣어 제자리에 정리해 준다.

• 교사가 상자를 가리키며 유아에게 가지고 놀던 블록을 상자에 담아 제자리에 정리해 보라고 한다.

• 정리하지 못하면 교사가 유아가 가지고 놀던 블록을 유아의 손을 잡고 상자에 넣어 제자리에 정리해 주는 동작을 반복해 준다.

• 도움을 점차 줄여 간다.

- 수행되면 유아 스스로 가지고 놀던 블록을 상자에 넣어 제지리에 정리해 보라고 한다.
- 수행되면 다른 장난감을 제자리에 정리하는 것도 블록을 정리한 것과 같은 방법으로 지도한다.
- 수행되면 유아의 특성에 맞는 적절한 강화제를 제공한다.

125 다른 사람의 팔을 끌어 자신의 간단한 의사 표현하기

목표 │ 다른 사람의 팔을 끌어당겨 자신의 간단한 의사를 표현할 수 있다.
자료 │ 물, 우유 등, 강화제

방법 ❶

- 교사가 예를 들어 다른 사람의 팔을 끌어당겨 물을 달라고 하는 간단한 의사를 표현하는 시범을 보인다.
- 유아에게 교사를 모방하여 다른 사람의 팔을 끌어당겨 물을 달라고 하는 간단한 의사를 표현해 보라고 한다.
- 수행되면 유아 스스로 다른 사람의 팔을 끌어당겨 물을 달라고 하는 간단한 의사를 표현해 보라고 한다.
- 수행되면 유아의 특성에 맞는 적절한 강화제를 제공한다.

방법 ❷

- 교사가 예를 들어 다른 사람의 팔을 끌어당겨 우유를 달라고 하는 간단한 의사를 표현하는 시범을 보인다.
- 유아에게 교사를 모방하여 다른 사람의 팔을 끌어당겨 우유를 달라고 하는 간단한 의사를 표현해 보라고 한다.
- 모방하지 못하면 교사가 유아의 손을 잡고 다른 사람의 팔을 끌어당겨 우유를 달라고 하는 간단한 의사를 표현하게 한다.
- 교사가 우유를 가리키며 유아에게 다른 사람의 팔을 끌어당겨 우유를 달라고 간단한 의사를 표현해 보라고 한다.
- 하지 못하면 교사가 유아의 손을 잡고 다른 사람의 팔을 끌어당겨 우유를 달라고

하는 간단한 의사를 표현하는 것을 반복하게 해 준다.

- 도움을 점차 줄여 간다.
- 수행되면 유아 스스로 다른 사람의 팔을 끌어당겨 우유를 달라고 하는 간단한 의사를 표현해 보라고 한다.
- 수행되면 다른 물건도 유아 스스로 다른 사람의 팔을 끌어당겨 자신의 간단한 의사를 표현해 보라고 한다.
- 수행되면 유아의 특성에 맞는 적절한 강화제를 제공한다.

126 소리 구분하기 4~5세

목표 | 소리를 구분할 수 있다.
자료 | 두 개씩 다른 재료가 들어간 마라카스 여러 쌍, 강화제

방법 ❶

- 교사가 다른 유아들과 함께 마라카스를 여러 개 흔들어 같은 소리를 찾는 시범을 보인다.
- 유아에게 교사를 모방하여 또래와 함께 마라카스를 여러 개 흔들어 같은 소리를 찾아 보라고 한다.
- 수행되면 유아 스스로 또래와 함께 마라카스를 여러 개 흔들어 같은 소리를 찾아 보라고 한다.
- 수행되면 유아의 특성에 맞는 적절한 강화제를 제공한다.

방법 ❷

- 교사가 다른 유아들과 함께 마라카스를 여러 개 흔들어 같은 소리를 찾는 시범을 보인다.
- 유아에게 교사를 모방하여 또래와 함께 마라카스를 여러 개 흔들어 같은 소리를 찾아 보라고 한다.
- 모방하지 못하면 교사가 유아의 손을 잡고 또래와 함께 마라카스를 여러 개 흔들어 같은 소리를 찾아 준다.
- 교사가 같은 소리가 나는 마라카스 두 개와 다른 소리가 나는 마라카스 한 개를 제시한 후 유아에게 마라카스를 흔들라고 한 다음 같은 소리가 나는 마라카스를 가리키며 유아에게 같은 소리를 찾아보라고 한다.
- 찾지 못하면 교사가 유아의 손을 잡고 또래와 함께 마라카스를 여러 개 흔들어 같

4~5
세

은 소리를 찾는 것을 반복해 준다.

- 교사가 같은 소리가 나는 마라카스 두 개와 다른 소리가 나는 마라카스 한 개를 제시한 후 유아에게 마라카스를 흔들어 같은 소리를 찾아보라고 한다.
- 도움을 점차 줄여 간다.
- 수행되면 유아 스스로 또래와 함께 마라카스를 여러 개 흔들어 같은 소리를 찾아 보라고 한다.
- 수행되면 유아의 특성에 맞는 적절한 강화제를 제공한다.

☞ 가정에서 지도 시 200ml 우유를 마시고 난 후 우유 팩을 깨끗하게 씻어 말린 다음 각각 두 개의 우유 팩에 쌀, 사탕, 콩, 방울 등 집에서 활용할 수 있는 재료를 넣어 같은 소리가 나는 것을 찾도록 지도하면 된다.

☞ 유아의 상태에 따라 처음에는 같은 소리가 나는 것을 한 개 찾게 했다가 수행되면 두 개, 세 개 식으로 늘려 가면 된다.

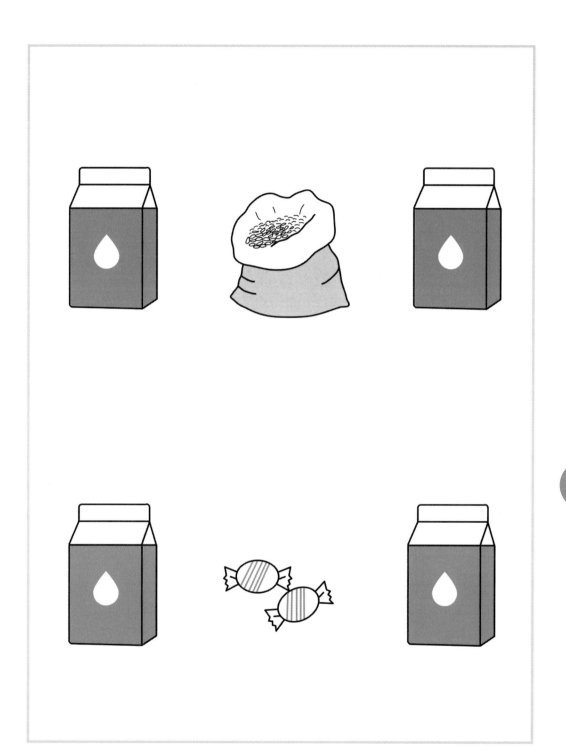

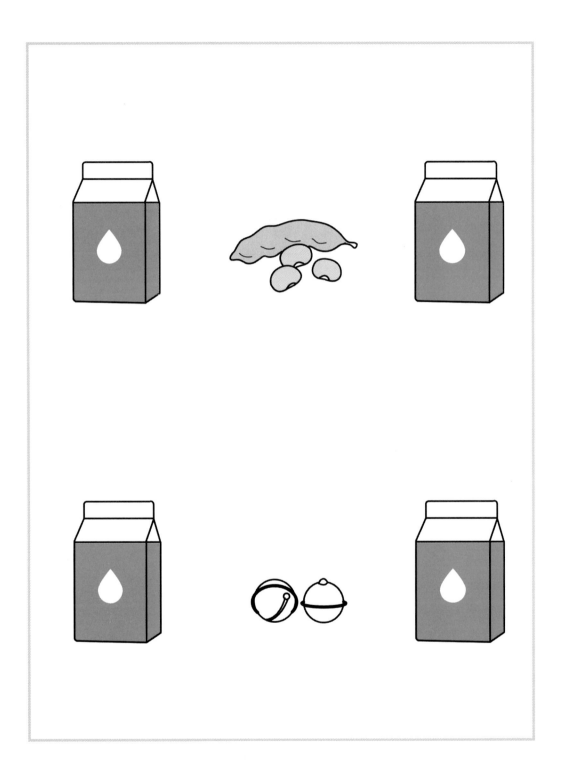

127 자기 물건 자랑하기 4~5세

목표 | 자기 물건을 자랑할 수 있다.

자료 | 교사의 물건, 유아가 좋아하는 자신의 물건들, 강화제

방법 ❶

- 교사가 자기 물건을 자랑하는 시범을 보인다.
- 유아에게 교사를 모방하여 자기 물건을 자랑해 보라고 한다.
- 수행되면 유아 스스로 자기 물건을 자랑해 보라고 한다.
- 수행되면 유아의 특성에 맞는 적절한 강화제를 제공한다.

방법 ❷

- 교사가 예를 들어 교사가 좋아하는 가방을 자랑하는 시범을 보인다.
- 유아에게 교사를 모방하여, 예를 들어 유아의 물건 중 모자를 자랑해 보라고 한다.
- 모방하지 못하면 교사가 유아의 손을 잡고 모자를 자랑하게 해 준다.
- 교사가 유아의 물건 중 모자를 가리키며 유아에게 자랑해 보라고 한다.
- 하지 못하면 교사가 유아의 손을 잡고 모자를 자랑하는 것을 반복해 준다.
- 도움을 점차 줄여 간다.
- 수행되면 유아 스스로 유아의 물건 중 모자를 자랑해 보라고 한다.
- 수행되면 유아의 특성에 맞는 적절한 강화제를 제공한다.

4~5세

128 간식 나누어 주기

4~5세

목표 | 간식을 나누어 줄 수 있다.

자료 | 간식, 접시 세 개, 집게, 강화제

방법 ❶

- 교사가 간식을 집게로 집은 후 접시에 담아 나누어 주는 시범을 보인다.
- 유아에게 교사를 모방하여 간식을 집게로 집은 후 접시에 담아 나누어 줘 보라고 한다.
- 수행되면 유아 스스로 간식을 집게로 집은 후 접시에 담아 나누어 줘 보라고 한다.
- 수행되면 유아의 특성에 맞는 적절한 강화제를 제공한다.

방법 ❷

- 교사가 예를 들어 세 명의 유아에게 줄 간식을 집게로 집은 후 접시에 담아 나누어 주는 시범을 보인다.
- 유아에게 교사를 모방하여 세 명의 유아에게 줄 간식을 집게로 집은 후 접시에 담아 나누어 줘 보라고 한다.
- 모방하지 못하면 교사가 유아의 손을 잡고 세 명의 유아에게 줄 간식을 집게로 집은 후 접시에 담아 나누어 준다.
- 교사가 유아에게 스스로 집게를 잡게 한 후 유아의 손을 잡고 세 명의 유아에게 줄 간식을 접시에 담아 나누어 준다.
- 수행되면 교사가 세 명의 유아에게 줄 간식을 가리키며 유아에게 간식을 집게로 집은 후 접시에 담아 나누어 줘 보라고 한다.
- 나누지 못하면 유아의 손을 잡고 세 명의 유아에게 줄 간식을 집게로 집은 후 접

시에 담아 나누어 주는 동작을 반복해 준다.

• 도움을 점차 줄여 간다.

• 수행되면 유아 스스로 세 명의 유아에게 줄 간식을 집게로 집은 후 접시에 담아 나누어 줘 보라고 한다.

• 수행되면 유아의 특성에 맞는 적절한 강화제를 제공한다.

방법 ❸

• 교사가 예를 들어 세 명의 유아에게 줄 간식을 집게로 집는 시범을 보인다.

• 유아에게 교사를 모방하여 세 명의 유아에게 줄 간식을 집게로 집어 보라고 한다.

• 모방하지 못하면 교사가 유아의 손을 잡고 세 명의 유아에게 줄 간식을 집게로 집어 준다.

• 교사가 간식을 가리키며 유아에게 집게로 집어 보라고 한다.

• 집지 못하면 교사가 유아의 손을 잡고 세 명의 유아에게 줄 간식을 집게로 집는 동작을 반복해 준다.

• 도움을 점차 줄여 간다.

• 수행되면 유아 스스로 세 명의 유아에게 줄 간식을 집게로 집어 보라고 한다.

• 수행되면 교사가 세 명의 유아에게 줄 간식을 집게로 집은 후 접시에 담아 나누어 주는 시범을 보인다.

• 유아에게 세 명의 유아에게 줄 간식을 스스로 집게로 집으라고 한 후 교사를 모방하여 접시에 담아 나누어 줘 보라고 한다.

• 모방하지 못하면 교사가 유아에게 세 명의 유아에게 줄 간식을 스스로 집게로 집으라고 한 후 유아의 손을 잡고 접시에 담아 나누어 준다.

• 교사가 유아에게 세 명의 유아에게 줄 간식을 스스로 집게로 집으라고 한 후 접시를 가리키며 간식을 접시에 담아 나누어 주라고 한다.

• 나누지 못하면 교사가 유아에게 세 명의 유아에게 줄 간식을 스스로 집게로 집으라고 한 후 유아의 손을 잡고 접시에 담아 나누어 주는 동작을 반복해 준다.

4~5
세

225

- 도움을 점차 줄여 간다.
- 수행되면 유아 스스로 세 명의 유아에게 줄 간식을 집게로 집은 후 접시에 담아 나누어 줘 보라고 한다.
- 수행되면 유아의 특성에 맞는 적절한 강화제를 제공한다.

129 사람들 앞에서 노래 및 율동하기   4~5세

목표 | 사람들 앞에서 노래 및 율동을 할 수 있다.
자료 | 카세트 등, 강화제

방법 ❶

- 교사가 유아들 앞에서 노래 및 율동을 하는 시범을 보인다.
- 유아에게 교사를 모방하여 유아들 앞에서 노래 및 율동을 해 보라고 한다.
- 수행되면 유아 스스로 유아들 앞에서 노래 및 율동을 해 보라고 한다.
- 수행되면 유아의 특성에 맞는 적절한 강화제를 제공한다.

방법 ❷

- 교사가 예를 들어 유아들 앞에서 〈뽀뽀뽀〉 노래를 하는 시범을 보인다.
- 유아에게 교사를 모방하여 유아들 앞에서 〈뽀뽀뽀〉 노래를 해 보라고 한다.
- 모방하지 못하면 교사가 한 소절을 불러 준 후 유아에게 모방하게 한다.
- 모방하지 못하면 교사가 한 소절을 불러 준 후 유아가 모방하는 것을 반복해 준다.
- 수행되면 교사가 두 소절을 불러 준 후 유아에게 모방해 보라고 한다.
- 수행되면 교사가 한 소절을 불러 준 후 유아에게 두 소절을 불러 보라고 한다.
- 수행되면 교사가 세 소절을 불러 준 후 유아에게 모방해 보라고 한다.
- 수행되면 교사가 한 소절을 불러 준 후 유아에게 세 소절을 불러 보라고 한다.

- 도움을 점차 줄여 간다.
- 수행되면 유아 스스로 세 소절을 불러 보라고 한다.
- 수행되면 나머지 소절도 같은 방법으로 지도한다.
- 수행되면 유아 스스로 〈뽀뽀뽀〉를 부르면서 율동을 해 보라고 한다.
- 수행되면 다른 노래나 율동도 〈뽀뽀뽀〉를 지도한 것과 같은 방법으로 지도한다.
- 수행되면 유아의 특성에 맞는 적절한 강화제를 제공한다.

방법 ❸

- 교사가 예를 들어 유아들 앞에서 〈뽀뽀뽀〉 노래를 하는 시범을 보인다.
- 유아에게 교사를 모방하여 유아들 앞에서 〈뽀뽀뽀〉 노래를 해 보라고 한다.
- 모방하지 못하면 교사가 "아빠가 ♬ 출근할 때 ♬ 뽀뽀뽀 ♬"라고 불러 준 후 유아에게 모방하게 한다.
- 모방하지 못하면 교사가 "아빠가 ♬ 출근할 때 ♬"라고 불러 준 후 유아에게 "뽀뽀뽀 ♬"라고 불러 보라고 한다.
- 수행되면 교사가 "아빠가 ♬"라고 불러 준 후 유아에게 "출근할 때 ♬ 뽀뽀뽀 ♬"라고 불러 보라고 한다.
- 수행되면 교사가 "아."라고 첫 음절을 불러 준 후 유아에게 "아빠가 ♬ 출근할 때 ♬ 뽀뽀뽀 ♬"라고 불러 보라고 한다.
- 도움을 점차 줄여 간다.
- 수행되면 유아 스스로 "아빠가 ♬ 출근할 때 ♬ 뽀뽀뽀 ♬"라고 불러 보라고 한다.
- 수행되면 교사가 "엄마가 ♬ 안아 줘도 ♬ 뽀뽀뽀 ♬"라고 불러 준 후 유아에게 모방하게 한다.
- 모방하지 못하면 교사가 "엄마가 ♬ 안아 줘도 ♬"라고 불러 준 후 유아에게 "뽀뽀뽀 ♬"라고 불러 보라고 한다.
- 수행되면 교사가 "엄마가 ♬"라고 불러 준 후 유아에게 "안아 줘도 ♬ 뽀뽀뽀 ♬"라고 불러 보라고 한다.

4~5
세

- 수행되면 교사가 "엄."이라고 첫 음절을 불러 준 후 유아에게 "엄마가 ♫ 안아 줘도 ♬ 뽀뽀뽀 ♫"라고 불러 보라고 한다.
- 도움을 점차 줄여 간다.
- 수행되면 유아 스스로 "엄마가 ♫ 안아 줘도 ♬ 뽀뽀뽀 ♫"라고 불러 보라고 한다.
- 수행되면 나머지 소절도 같은 방법으로 지도한다.
- 수행되면 유아 스스로 〈뽀뽀뽀〉 노래를 불러 보라고 한다.
- 수행되면 다른 노래나 율동도 〈뽀뽀뽀〉 노래를 지도한 것과 같은 방법으로 지도한다.
- 수행되면 유아의 특성에 맞는 적절한 강화제를 제공한다.

방법 ❹
- 교사가 예를 들어 유아들 앞에서 〈뽀뽀뽀〉 노래를 하는 시범을 보인다.
- 유아에게 교사를 모방하여 유아들 앞에서 〈뽀뽀뽀〉 노래를 해 보라고 한다.
- 모방하지 못하면 교사가 "아빠가 ♬"라고 불러 준 후 유아에게 "아빠가 ♬"라고 모방하게 한다.
- 모방하지 못하면 교사가 "아빠가 ♬"라고 반복해서 불러 준 후 유아에게 "아빠가 ♬"라고 반복해서 모방하게 한다.
- 수행되면 교사가 "아 ♬"라고 첫 음절을 불러 준 후 유아에게 "아빠가 ♬"라고 불러 보라고 한다.
- 도움을 점차 줄여 간다.
- 수행되면 유아 스스로 "아빠가 ♬"라고 불러 보라고 한다.
- 수행되면 교사가 "아빠가 ♬ 출근할 때 ♬"라고 불러 준 후 유아에게 "아빠가 ♬ 출근할 때 ♬"라고 모방해 보라고 한다.
- 모방하지 못하면 교사가 "아빠가 ♬ 출근할 때 ♬"라고 반복해서 불러 준 후 유아에게 "아빠가 ♬ 출근할 때 ♬"라고 반복해서 모방해 보라고 한다.
- 수행되면 교사가 "아빠가 ♬ 출."이라고 불러 준 후 "유아에게 "아빠가 ♬ 출근할

때 ♫"라고 불러 보라고 한다.

- 수행되면 유아 스스로 "아빠가 ♫ 출근할 때 ♫"라고 불러 보라고 한다.
- 수행되면 교사가 "아빠가 ♫ 출근할 때 ♫ 뽀뽀뽀 ♫"라고 불러 준 후 유아에게 모방하게 한다.
- 모방하지 못하면 교사가 "아빠가 ♫ 출근할 때 ♫ 뽀뽀뽀 ♫"라고 반복해서 불러 준 후 유아에게 반복해서 모방하게 한다.
- 수행되면 교사가 "아빠가 ♫ 출근할 때 ♫ 뽀. ♫"라고 불러 준 후 유아에게 "아빠가 ♫ 출근할 때 ♫ 뽀뽀뽀. ♫"라고 불러 보라고 한다.
- 도움을 점차 줄여 간다.
- 수행되면 유아 스스로 "아빠가 ♫ 출근할 때 ♫ 뽀뽀뽀 ♫"라고 불러 보라고 한다.
- 수행되면 나머지 소절도 같은 방법으로 지도한다.
- 수행되면 유아 스스로 〈뽀뽀뽀〉 노래를 불러 보라고 한다.
- 수행되면 다른 노래나 율동도 〈뽀뽀뽀〉 노래를 지도한 것과 같은 방법으로 지도한다.
- 수행되면 유아의 특성에 맞는 적절한 강화제를 제공한다.

130 스스로 또래와 팔짱 끼기 4~5세

목표 | 스스로 또래와 팔짱을 낄 수 있다.

자료 | 강화제

방법 ❶

- 교사가 다른 유아와 팔짱을 끼는 시범을 보인다.
- 유아에게 교사를 모방하여 또래와 팔짱을 껴 보라고 한다.
- 수행되면 유아 스스로 또래와 팔짱을 껴 보라고 한다.

- 수행되면 유아의 특성에 맞는 적절한 강화제를 제공한다.

방법 ❷

- 교사가 다른 유아와 팔짱을 끼는 시범을 보인다.
- 유아에게 교사를 모방하여 또래와 팔짱을 껴 보라고 한다.
- 모방하지 못하면 교사가 유아의 팔을 잡고 또래의 팔짱에 팔을 껴 준다.
- 교사가 또래의 팔에 유아의 팔을 끼울 수 있도록 대 준 다음 유아에게 팔짱을 껴 보라고 한다.
- 끼지 못하면 교사가 유아의 손을 잡고 또래의 팔짱에 팔을 껴 주는 동작을 반복해 준다.
- 수행되면 교사가 또래 옆에 유아를 세워 준 후 팔짱을 껴 보라고 한다.
- 도움을 점차 줄여 간다.
- 수행되면 유아 스스로 또래와 팔짱을 껴 보라고 한다.
- 수행되면 유아의 특성에 맞는 적절한 강화제를 제공한다.

131 협동하여 블록 쌓기 `4~5세`

목표 | 협동하여 블록 쌓기를 할 수 있다.
자료 | 블록 여러 개, 강화제

방법 ❶

- 교사가 다른 유아들과 협동하여 블록 쌓기를 하는 시범을 보인다.
- 유아에게 교사를 모방하여 또래와 협동하여 블록 쌓기를 해 보라고 한다.
- 수행되면 유아 스스로 또래와 협동하여 블록 쌓기를 해 보라고 한다.
- 수행되면 유아의 특성에 맞는 적절한 강화제를 제공한다.

방법 ❷

- 교사가 예를 들어 다른 유아가 블록을 쌓은 후 교사가 블록을 쌓고 서로 반복하여 쌓아 기차를 완성해 가는 시범을 보인다.
- 유아에게 교사를 모방하여 또래와 협동하여 또래가 블록을 쌓은 후 유아가 블록을 쌓고 서로 반복하여 쌓아 기차를 완성해 보라고 한다.
- 모방하지 못하면 교사가 유아의 손을 잡고 또래가 블록을 쌓은 후 유아가 블록을 쌓고 서로 반복하여 쌓아 기차를 완성하게 해 준다.
- 또래가 블록을 쌓은 후 교사가 블록을 가리키며 유아에게 블록을 쌓고 서로 반복하여 쌓아 기차를 완성해 보라고 한다.
- 쌓지 못하면 교사가 유아의 손을 잡고 또래가 블록을 쌓은 후 유아가 블록을 쌓고 서로 반복하여 쌓아 기차를 완성하는 동작을 반복하게 해 준다.
- 도움을 점차 줄여 간다.
- 수행되면 유아 스스로 또래와 협동하여 또래가 블록을 쌓은 후 유아가 블록을 쌓고 서로 반복하여 쌓아 기차를 완성해 보라고 한다.
- 수행되면 유아의 특성에 맞는 적절한 강화제를 제공한다.

132 친구에게 양보하기 　　4~5세

목표 ∣ 친구에게 양보를 할 수 있다.
자료 ∣ 유아가 좋아하는 물건들, 강화제

방법 ❶

- 교사가 자기가 좋아하는 물건을 다른 교사에게 양보하는 시범을 보인다.
- 유아에게 교사를 모방하여 자기가 좋아하는 물건을 친구(또래)에게 양보해 보라고 한다.

- 수행되면 유아 스스로 자기가 좋아하는 물건을 친구에게 양보해 보라고 한다.
- 수행되면 유아의 특성에 맞는 적절한 강화제를 제공한다.

방법 ❷

- 교사가 예를 들어 교사가 좋아하는 사탕을 다른 교사에게 양보하는 시범을 보인다.
- 유아에게 교사를 모방하여 유아가 좋아하는 과자를 친구(또래)에게 양보해 보라고 한다.
- 모방하지 못하면 교사가 유아의 손을 잡고 유아가 좋아하는 과자를 친구에게 양보하게 해 준다.
- 교사가 유아가 좋아하는 과자를 가리키며 친구에게 양보해 보라고 한다.
- 하지 못하면 교사가 유아의 손을 잡고 유아가 좋아하는 과자를 친구에게 양보하는 것을 반복해 준다.
- 도움을 점차 줄여 간다.
- 수행되면 유아 스스로 유아가 좋아하는 과자를 친구에게 양보해 보라고 한다.
- 수행되면 유아의 특성에 맞는 적절한 강화제를 제공한다.

133 스스로 인사하기 4~5세

목표 | 스스로 인사를 할 수 있다.
자료 | 강화제

방법 ❶

- 교사가 스스로 인사를 하는 시범을 보인다.
- 유아에게 교사를 모방하여 스스로 인사를 해 보라고 한다.

- 수행되면 유아 스스로 인사를 해 보라고 한다.
- 수행되면 유아의 특성에 맞는 적절한 강화제를 제공한다.

방법 ❷

- 교사가 스스로 인사를 하는 시범을 보인다.
- 유아에게 교사를 모방하여 스스로 인사를 해 보라고 한다.
- 모방하지 못하면 교사가 유아의 머리에 손을 올린 후 숙여 주어 인사를 하게 해 준다.
- 교사가 유아의 머리에 손을 살짝 대 준 후 인사를 해 보라고 한다.
- 하지 못하면 교사가 유아의 머리에 손을 올린 후 숙여 주어 인사를 하는 동작을 반복해 준다.
- 도움을 점차 줄여 간다.
- 수행되면 유아 스스로 인사를 해 보라고 한다.
- 수행되면 유아의 특성에 맞는 적절한 강화제를 제공한다.

134 자기 순서 지키기 `4~5세`

목표 | 자기 순서를 지킬 수 있다.

자료 | 강화제

방법 ❶

- 교사가 자기 순서를 지키는 시범을 보인다.
- 유아에게 교사를 모방하여 자기 순서를 지키라고 한다.
- 수행되면 유아 스스로 자기 순서를 지키라고 한다.
- 수행되면 유아의 특성에 맞는 적절한 강화제를 제공한다.

방법 ❷

- 교사가 예를 들어 자기 순서를 지켜 손을 씻는 시범을 보인다.
- 유아에게 교사를 모방하여 자기 순서를 지켜 손을 씻어 보라고 한다.
- 모방하지 못하면 교사가 유아의 손을 잡고 순서를 지켰다가 손을 씻게 한다.
- 교사가 유아의 순서를 가리키며 순서를 지켜 손을 씻어 보라고 한다.
- 지키지 못하면 교사가 유아의 손을 잡고 순서를 지켰다가 손을 씻는 동작을 반복해 준다.
- 도움을 점차 줄여 간다.
- 수행되면 유아 스스로 순서를 지켜 손을 씻어 보라고 한다.
- 수행되면 유아의 특성에 맞는 적절한 강화제를 제공한다.

135 간단한 놀이의 규칙 따르기　4~5세

목표 │ 간단한 놀이의 규칙을 따를 수 있다.
자료 │ 강화제

방법 ❶

- 교사가 간단한 놀이의 규칙을 따르는 시범을 보인다.
- 유아에게 교사를 모방하여 간단한 놀이의 규칙을 따라 보라고 한다.
- 수행되면 유아 스스로 간단한 놀이의 규칙을 따라 보라고 한다.
- 수행되면 유아의 특성에 맞는 적절한 강화제를 제공한다.

방법 ❷

- 교사가 예를 들어 유아와 함께 즐겁게 춤을 추다가 교사가 "그대로 ♫ 멈춰라."라고 하면 멈추는 시범을 보인다.

- 교사가 유아와 함께 즐겁게 춤을 추다가 "그대로 ♬ 멈춰라."라고 하면 유아가 교사를 모방하여 멈추어 보라고 한다.
- 모방하지 못하면 교사가 유아의 손을 잡고 즐겁게 춤을 추다가 "그대로 ♬ 멈춰라."라고 하면서 유아를 멈추게 해 준다.
- 멈추지 못하면 교사가 유아의 손을 잡고 즐겁게 춤을 추다가 "그대로 ♬ 멈춰라."라고 하면서 멈추는 동작을 반복해 준다.
- 도움을 점차 줄여 간다.
- 수행되면 교사가 유아와 함께 즐겁게 춤을 추다가 "그대로 ♬ 멈춰라."라고 하면 유아 스스로 멈추어 보라고 한다.
- 수행되면 유아의 특성에 맞는 적절한 강화제를 제공한다.

136 스스로 음식이나 물건 나누기 4~5세

목표 | 스스로 음식이나 물건을 나누어 줄 수 있다.
자료 | 음식, 장난감 등, 강화제

방법 ❶

- 지시하면 또래와 장난감이나 음식 나누기는 전 단계에서 수행하였으므로 확인한 후 시행한다.
- 교사가 유아에게 스스로 음식이나 물건을 나누어 주는 시범을 보인다.
- 유아에게 교사를 모방하여 스스로 음식이나 물건을 나누어 줘 보라고 한다.
- 수행되면 유아 스스로 음식이나 물건을 나누어 줘 보라고 한다.
- 수행되면 유아의 특성에 맞는 적절한 강화제를 제공한다.

방법 ❷

- 지시하면 또래와 장난감이나 음식 나누기는 전 단계에서 수행하였으므로 확인한 후 시행한다.
- 교사가 예를 들어 유아에게 사탕이나 장난감 자동차를 나누어 주는 시범을 보인다.
- 유아에게 교사를 모방하여 또래에게 사탕이나 장난감 자동차를 나누어 주라고 한다.
- 모방하지 못하면 교사가 유아의 손을 잡고 또래에게 사탕이나 장난감 자동차를 나누어 준다.
- 교사가 사탕이나 장난감 자동차 가까이 유아의 손을 대 준 후 또래에게 나누어 주라고 한다.
- 나누지 못하면 교사가 유아의 손을 잡고 또래에게 사탕이나 장난감 자동차를 나누어 주는 동작을 반복해 준다.
- 수행되면 교사가 사탕이나 장난감 자동차를 가리키며 유아에게 사탕이나 장난감 자동차를 또래에게 나누어 주라고 한다.
- 도움을 점차 줄여 간다.
- 수행되면 유아 스스로 또래에게 사탕이나 장난감 자동차를 나누어 주라고 한다.
- 수행되면 유아의 특성에 맞는 적절한 강화제를 제공한다.

137 또래와 간단한 노래를 부르며 율동하기　4~5세

목표 | 또래와 간단한 노래를 부르며 율동을 할 수 있다.
자료 | 카세트 등, 강화제

방법 ❶

- 교사가 다른 유아와 노래(예: 곰 세 마리 등)를 부르며 율동을 하는 시범을 보인다.
- 유아에게 교사를 모방하여 또래와 노래를 부르며 율동을 해 보라고 한다.
- 수행되면 유아 스스로 또래와 노래를 부르며 율동을 해 보라고 한다.
- 수행되면 유아의 특성에 맞는 적절한 강화제를 제공한다.

방법 ❷

- 교사가 예를 들어 다른 유아와 〈곰 세 마리〉 노래를 부르며 율동을 하는 시범을 보인다.
- 유아에게 교사를 모방하여 또래와 〈곰 세 마리〉 노래를 부르며 율동을 해 보라고 한다.
- 모방하지 못하면 교사가 "곰 ♫ 세 마리가."라고 부르며 주먹을 쥔 상태에서 엄지, 검지, 소지를 펴서 세 마리를 나타내는 율동을 하는 시범을 보인다.
- 유아에게 교사를 모방해 "곰 ♫ 세 마리가."라고 부르며 주먹을 쥔 상태에서 엄지, 검지, 소지를 펴서 세 마리를 나타내는 율동을 해 보라고 한다.
- 모방하지 못하면 교사가 "곰 ♫ 세 마리가."라고 부르며 유아의 손을 잡고 주먹을 쥐어 준 다음 엄지, 검지, 소지를 펴 주어 세 마리를 나타내는 율동을 하게 해 준다.
- 교사가 "곰."이라고 첫 음절을 불러 준 후 유아에게 "곰 ♫ 세 마리가."라고 부르며 주먹을 쥔 상태에서 엄지, 검지, 소지를 펴서 율동을 해 보라고 한다.
- 수행되면 교사가 "한집에 ♫ 있어."라고 부르며 두 손의 끝을 맞닿아 삼각형 모양으로 만드는 시범을 보인다.
- 유아에게 교사를 모방해 "한집에 ♫ 있어."라고 부르며 두 손의 끝을 맞닿아 삼각형 모양으로 만들어 보라고 한다.
- 모방하지 못하면 교사가 "한집에 ♫ 있어."라고 부르며 유아의 손을 잡고 두 손의 끝을 맞닿아 삼각형 모양으로 만드는 율동을 하게 해 준다.

- 수행되면 교사가 "아빠 ♫ 곰."이라고 부르며 주먹을 쥔 상태에서 엄지를 위로 올리는 시범을 보인다.
- 유아에게 교사를 모방해 "아빠 ♫ 곰."이라고 부르며 주먹을 쥔 상태에서 엄지를 위로 올려 보라고 한다.
- 모방하지 못하면 교사가 "아빠 ♫ 곰."이라고 부르며 유아의 손을 잡고 주먹을 쥐어 준 다음 엄지를 위로 올려 준다.
- 수행되면 교사가 "엄마 ♫ 곰."이라고 부르며 주먹을 쥔 상태에서 검지를 위로 올리는 시범을 보인 후 모방하지 못하면 "아빠 ♫ 곰."을 지도한 것과 같은 방법으로 지도한다.
- 수행되면 교사가 "애기 ♫ 곰."이라고 부르며 주먹을 쥔 상태에서 소지를 위로 올리는 시범을 보인 후 모방하지 못하면 "아빠 ♫ 곰."을 지도한 것과 같은 방법으로 지도한다.
- 수행되면 교사가 "아빠 곰은 ♫ 뚱뚱해."라고 부르며 주먹을 쥔 상태에서 엄지를 위로 올렸다가 내린 후 두 손으로 허리 주변을 점점 넓혀 가는 율동을 하는 시범을 보인다.
- 유아에게 교사를 모방해 "아빠 곰은 ♫ 뚱뚱해."라고 부르며 주먹을 쥔 상태에서 엄지를 위로 올렸다가 내린 후 두 손으로 허리 주변을 점점 넓혀 가는 율동을 해 보라고 한다.
- 모방하지 못하면 교사가 "아빠 곰은 ♫ 뚱뚱해."라고 부르며 유아에게 주먹을 쥔 상태에서 엄지를 위로 올렸다가 내리게 한 다음 교사가 유아의 두 손을 잡고 허리 주변을 점점 넓혀 가는 율동을 하게 해 준다.
- 교사가 "아빠."라고 첫 소절을 불러 준 후 유아에게 "아빠 곰은 ♫ 뚱뚱해."라고 부르며 주먹을 쥔 상태에서 엄지를 위로 올렸다가 내린 후 두 손으로 허리 주변을 점점 넓혀 가는 율동을 해 보라고 한다.
- 수행되면 교사가 "엄마 곰은 ♫ 날씬해."라고 부르며 주먹을 쥔 상태에서 검지를 위로 올렸다가 내린 후 허리를 약간 흔들면서 두 손으로 날씬한 허리를 표현하는

시범을 보인다.

- 유아에게 교사를 모방해 "엄마 곰은 ♫ 날씬해."라고 부르며 주먹을 쥔 상태에서 검지를 위로 올렸다가 내린 후 허리를 약간 흔들면서 두 손으로 날씬한 허리를 표현해 보라고 한다.

- 모방하지 못하면 교사가 "엄마 곰은 ♫ 날씬해."라고 부르며 유아에게 주먹을 쥔 상태에서 검지를 위로 올렸다가 내리라고 한 다음 교사가 유아의 허리를 잡고 약간 흔들어 주면서 두 손으로 날씬한 허리를 표현하게 해 준다.

- 교사가 "엄마."라고 첫 소절을 불러 준 후 유아에게 "엄마 곰은 ♫ 날씬해."라고 부르며 주먹을 쥔 상태에서 검지를 위로 올렸다가 내리라고 한 다음 허리를 약간 흔들면서 두 손으로 날씬한 허리를 표현하는 율동을 해 보라고 한다.

- 수행되면 교사가 "애기 곰은 ♫ 너무 귀여워."라고 부르며 주먹을 쥔 상태에서 소지를 위로 올렸다가 내린 다음 귀여운 표정을 지으며 두 손을 얼굴 주변에서 흔드는 시범을 보인다.

- 유아에게 교사를 모방해 "애기 곰은 ♫ 너무 귀여워."라고 부르며 주먹을 쥔 상태에서 소지를 위로 올렸다가 내린 다음 귀여운 표정을 지으며 두 손을 얼굴 주변에서 흔들어 보라고 한다.

- 모방하지 못하면 교사가 "애기 곰은 ♫ 너무 귀여워."라고 부르며 유아에게 주먹을 쥔 상태에서 검지를 위로 올렸다가 내린 다음 귀여운 표정을 지으라고 한 후 교사가 유아의 두 손을 잡고 얼굴 주변에서 흔들어 준다.

- 교사가 "애기."라고 첫 소절을 불러 준 후 유아에게 "애기 곰은 ♫ 너무 귀여워."라고 부르며 주먹을 쥔 상태에서 검지를 위로 올렸다가 내린 다음 귀여운 표정을 지으며 두 손을 얼굴 주변에서 흔들어 보라고 한다.

- 수행되면 교사가 "히쭉히쭉 ♫ 잘한다."라고 부르며 어깨를 으쓱으쓱(어깨를 올렸다가 내리는)하는 시범을 보인다.

- 유아에게 교사를 모방해 "히쭉히쭉 ♫ 잘한다."라고 부르며 어깨를 으쓱으쓱해 보라고 한다.

- 모방하지 못하면 교사가 "히쭉히쭉 ♬ 잘한다."라고 부르며 유아의 어깨를 잡고 으쓱으쓱해 준다.
- 교사가 "히쭉."이라고 첫 소절을 불러 준 후 유아에게 "히쭉히쭉 ♬ 잘한다."라고 부르며 어깨를 으쓱으쓱해 보라고 한다.
- 수행되면 유아 스스로 "히쭉히쭉 ♬ 잘한다."라고 부르며 어깨를 으쓱으쓱해 보라고 한다.
- 도움을 점차 줄여 간다.
- 수행되면 유아 스스로 〈곰 세 마리〉 노래를 부르며 율동을 해 보라고 한다.
- 수행되면 다른 노래와 율동을 하는 것도 〈곰 세 마리〉를 지도한 것과 같은 방법으로 지도한다.
- 수행되면 유아의 특성에 맞는 적절한 강화제를 제공한다.

교사 시범: "곰 세 마리가." (엄지, 검지, 소지를 펴서 세 마리를 나타내기)

교사가 유아의 손을 잡고 엄지, 검지, 소지를 펴서 세 마리 표현하기

교사 시범: "한집에 있어." (두 손의 끝을 맞닿아 삼각형 모양 만들기)

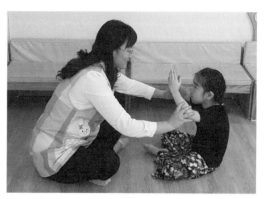

교사가 유아의 손을 잡아 삼각형 만들어 주기

교사 시범: "아빠 곰." (주먹을 쥔 상태에서 엄지를 위로 올리기)

교사가 유아의 손을 잡아 주먹을 쥐어 준 다음 엄지를 위로 올려 주기

4~5세

교사 시범: "엄마 곰." (주먹을 쥔 상태에서 검지를 위로 올리기)

교사가 유아의 손을 잡아 주먹을 쥐어 준 다음 검지를 위로 올려 주기

교사 시범: "애기 곰." (주먹을 쥔 상태에서 소지를 위로 올리기)

교사가 유아의 손을 잡고 주먹을 쥐어 준 다음 소지를 위로 올려 주기

교사 시범: "아빠 곰은 뚱뚱해." (주먹을 쥔 상태에서 엄지를 위로 올렸다가 내린 후 두 손으로 허리 주변을 점점 넓혀 가기)

교사가 유아의 주먹을 쥔 상태에서 엄지를 위로 올렸다가 내린 후 두 손으로 허리 주변을 점점 넓혀 가게 해 주기

교사 시범: "엄마 곰은 날씬해." (주먹을 쥔 상태에서 검지를 위로 올렸다가 내린 후 허리에서 두 손으로 날씬한 허리를 표현하기)

교사가 유아의 주먹을 쥔 상태에서 검지를 위로 올렸다가 내린 후 허리에서 두 손으로 날씬한 허리 표현

교사 시범: "애기 곰은 너무 귀여워." (주먹을 쥔 상태에서 소지를 위로 올렸다가 내린 다음 귀여운 표정을 지으며 두 손을 얼굴 주변에서 흔들기)

교사가 유아의 주먹을 쥔 상태에서 소지를 위로 올렸다가 내린 다음 귀여운 표정을 지으며 두 손을 얼굴 주변에서 흔들어 주기

4~5
세

교사 시범: "히쭉히쭉 잘한다." (어깨를 으쓱으쓱, 즉 어깨를 올렸다가 내리기)

교사가 유아의 어깨를 잡고 으쓱으쓱해 주기

138 특정 물건을 '내 것'이라고 말하기 4~5세

목표 | 특정 물건을 '내 것'이라고 말할 수 있다.
자료 | 유아가 좋아하는 물건들, 강화제

방법 ❶

- 교사가 자기 물건을 '내 것'이라고 말하는 시범을 보인다.
- 유아에게 교사를 모방하여 자기 물건을 '내 것'이라고 말해 보라고 한다.
- 수행되면 유아 스스로 자기 물건을 '내 것'이라고 말해 보라고 한다.
- 수행되면 유아의 특성에 맞는 적절한 강화제를 제공한다.

방법 ❷

- 교사가 예를 들어 교사의 연필을 '내 것'이라고 말하는 시범을 보인다.
- 유아에게 교사를 모방하여, 예를 들어 유아의 가방을 '내 것'이라고 말해 보라고 한다.
- 모방하지 못하면 교사가 유아에게 가방을 쥐게 한 후 '내 것'이라고 말하게 한다.
- 하지 못하면 교사가 유아에게 가방을 쥐게 한 후 '내 것'이라고 말하는 것을 반복하게 해 준다.
- 도움을 점차 줄여 간다.
- 수행되면 유아 스스로 유아의 가방을 '내 것'이라고 말해 보라고 한다.
- 수행되면 유아의 특성에 맞는 적절한 강화제를 제공한다.

139 어려움에 처했을 때 도움 청하기 5~6세

목표 | 어려움에 처했을 때 도움을 요청할 수 있다.
자료 | 강화제

방법 ❶
- 교사가 어려움에 처했을 때(예: 물을 쏟았는데 휴지가 없는 경우) 도움을 요청하는 시범을 보인다.
- 유아에게 교사를 모방하여 어려움에 처했을 때 도움을 요청해 보라고 한다.
- 수행되면 유아 스스로 어려움에 처했을 때 도움을 요청해 보라고 한다.
- 수행되면 유아의 특성에 맞는 적절한 강화제를 제공한다.

방법 ❷
- 교사가 예를 들어 물을 쏟았는데 휴지가 없을 경우 다른 교사에게 휴지를 달라고 도움을 요청하는 시범을 보인다.
- 유아에게 교사를 모방하여 물을 쏟았는데 휴지가 없을 경우 또래에게 휴지를 달라고 도움을 요청해 보라고 한다.
- 모방하지 못하면 교사가 유아를 또래에게 데리고 가서 휴지를 좀 달라고 도움을 요청하게 해 준다.

- 하지 못하면 교사가 유아를 또래에게 데리고 가서 휴지를 좀 달라고 도움을 요청하는 것을 반복해 준다.
- 교사가 휴지를 가리키며 유아에게 또래에게 가서 휴지를 좀 달라고 도움을 요청해 보라고 한다.
- 도움을 점차 줄여 간다.
- 수행되면 물을 쏟았는데 휴지가 없을 경우 유아 스스로 또래에게 가서 휴지를 좀 달라고 도움을 요청해 보라고 한다.
- 수행되면 유아의 특성에 맞는 적절한 강화제를 제공한다.

140 전화 통화하기 5~6세

목표 | 전화 통화를 할 수 있다.
자료 | 장난감 전화기, 강화제

방법 ❶
- 교사가 장난감 전화기를 귀에 대고 전화 통화를 하는 시범을 보인다.
- 유아에게 교사를 모방하여 장난감 전화기를 귀에 대고 전화 통화를 해 보라고 한다.
- 수행되면 유아 스스로 장난감 전화기를 가지고 귀에 대고 전화 통화를 해 보라고 한다.
- 수행되면 유아의 특성에 맞는 적절한 강화제를 제공한다.

방법 ❷
- 교사가 예를 들어 장난감 전화기를 귀에 대고 다른 교사와 통화를 하는 시범을 보인다.

- 유아에게 교사를 모방하여, 예를 들어 장난감 전화기를 귀에 대고 또래와 전화 통화를 해 보라고 한다.
- 모방하지 못하면 교사가 유아의 귀에 전화기를 대 준 후 또래와 전화 통화를 하게 해 준다.
- 교사가 전화기를 가리키며 유아에게 또래와 전화 통화를 해 보라고 한다.
- 하지 못하면 교사가 유아의 귀에 전화기를 대 준 후 또래와 전화 통화를 하는 것을 반복해 준다.
- 도움을 점차 줄여 간다.
- 수행되면 유아 스스로 장난감 전화기를 귀에 대고 또래와 전화 통화를 해 보라고 한다.
- 수행되면 유아의 특성에 맞는 적절한 강화제를 제공한다.

☞ 교사와 유아가 장난감 전화기를 가지고 말을 하다가 어느 정도 익숙해지면 실제 전화기를 사용하도록 하면 된다.

☞ 평소 부모가 가까운 사람(친척)과 전화할 때 양해를 구하고 아이에게 수화기를 주면 사회적 의사를 표현할 수 있는 기회가 되고, "안녕." 등의 말을 하면서 적절한 사회적 의사소통 방법을 습득할 수 있다.

141 연결되는 동작 모방하기 5~6세

5~6 세

목표 | 연결되는 동작을 모방할 수 있다.

자료 | 매트, 강화제

방법 ❶

- 교사가 매트에 유아와 마주 앉아 예를 들어 〈엄마 별 아빠 별〉 노래를 부르며 연결되는 동작을 시범 보인다.
- 유아에게 교사를 모방하여 〈엄마 별 아빠 별〉 노래의 연결 동작을 모방해 보라고 한다.
- 수행되면 유아 스스로 교사를 모방하여 〈엄마 별 아빠 별〉 노래의 연결 동작을 모방해 보라고 한다.
- 수행되면 유아의 특성에 맞는 적절한 강화제를 제공한다.

방법 ❷

- 교사가 매트에 유아와 마주 앉아 예를 들어 〈가엾은 토끼〉 노래를 부르며 연결되는 동작을 시범 보인다.
- 유아에게 교사를 모방하여 〈가엾은 토끼〉 노래의 연결 동작을 모방해 보라고 한다.
- 모방하지 못하면 교사가 "숲속 ♬ 작은 집."이라고 노래를 부르며 두 손을 삼각형 모양으로 맞대어 집 모양을 만드는 시범을 보인다.
- 교사가 "숲속 ♬ 작은 집."이라고 노래를 불러 주면 유아에게 교사를 모방하여 두 손을 삼각형 모양으로 맞대어 집 모양을 만들어 보라고 한다.
- 모방하지 못하면 교사가 "숲속 ♬ 작은 집."이라고 노래를 부르며 유아의 손을 잡고 두 손을 삼각형 모양으로 맞대어 집 모양을 만들어 준다.
- 교사가 유아에게 한 손을 비스듬히 기울여 세우라고 한 후 한 손을 잡고 맞대어 주며 집 모양을 만들어 보라고 한다.
- 만들지 못하면 교사가 "숲속 ♬ 작은 집."이라고 노래를 부르며 유아의 손을 잡고 두 손을 삼각형 모양으로 맞대어 집 모양을 만들어 주는 동작을 반복해 준다.
- 수행되면 교사가 "창가에 ♬"라고 노래를 부르며 양손으로 네모 모양을 만든 후 유아에게 교사를 모방하여 네모 모양을 만들어 보라고 한다.

- 모방하지 못하면 교사가 "창가에 ♬"라고 노래를 부르며 유아의 두 손을 잡고 네모 모양을 만들어 준다.
- 수행되면 교사가 "숲속 ♬ 작은 집 창가에 ♬"라고 노래를 부르며 집 모양과 네모 모양을 연결해서 보여 준 후 유아에게 모방해 보라고 한다.
- 수행되면 교사가 "작은 사람이 ♬ 섰는데."라고 노래를 부르며 손을 이마에 얹고 밖을 내다보는 동작을 보여 준 후 유아에게 모방해 보라고 한다.
- 모방하지 못하면 교사가 "작은 사람이 ♬ 섰는데."라고 노래를 부르며 유아의 손을 잡고 손을 이마에 얹고 밖을 내다보는 동작을 만들어 준다.
- 수행되면 교사가 "숲속 ♬ 작은 집 창가에 ♬ 작은 사람이 ♬ 섰는데."라고 노래를 부르며 집 모양과 네모 모양, 손을 이마에 얹고 밖을 내다보는 동작을 연결해서 보여 준 후 유아에게 모방해 보라고 한다.
- 수행되면 교사가 "토끼 ♬ 한 마리가."라고 노래를 부르며 머리에 두 손을 올려 토끼 모양을 만들어 준 후 검지를 올리는 시범을 보인다.
- 교사가 "토끼 ♬ 한 마리가."라고 노래를 불러 주면 유아에게 교사를 모방하여 두 손을 머리에 올려 토끼 모양을 만들어 준 후 엄지를 올려 보라고 한다.
- 모방하지 못하면 교사가 "토끼 ♬ 한 마리가."라고 노래를 부르며 유아의 손을 잡고 두 손을 머리에 올려 토끼 모양을 만들어 준 후 엄지를 올려 준다.
- 수행되면 교사가 "뛰~어와 ♬"라고 노래를 부르며 토끼가 뛰어 오는 동작을 보여 준 후 유아에게 모방해 보라고 한다.
- 모방하지 못하면 앞과 같은 방법으로 지도한다.
- 수행되면 "문 두드리며 하는 말 ♬ (문을 두드리는 동작) 살려 주세요, 살려 주세요. (바들바들 떠는 동작) ♬ 저기 있는 포수가 나를 빵 쏘려고 해요 (엄지와 검지로 총을 만들어 쏘는 동작) ♬ 작은 토끼야 (머리에 토끼 귀를 만드는 동작) 들어와 ♬ (들어오라고 손짓하는 동작) 편히 쉬어라 ♬ (두 손을 모아 귀에 대고 잠자는 동작)"를 각각 연결하여 보여 준 후 유아에게 모방하게 한다.
- 도움을 점차 줄여 간다.

- 수행되면 유아 스스로 교사를 모방하여 〈가엾은 토끼〉 노래의 연결 동작을 모방해 보라고 한다.
- 수행되면 다른 연결 동작을 모방하는 것도 〈가엾은 토끼〉 노래의 연결 동작을 지도한 것과 같은 방법으로 지도한다.
- 수행되면 유아의 특성에 맞는 적절한 강화제를 제공한다.

☞ 사회성뿐만 아니라 모방력 및 집중력도 기를 수 있다.

교사 시범: "숲속 작은 집." (양손 끝을 모아 세모 형태로 집 모양 만들기)

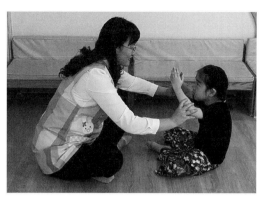

교사가 유아의 손을 잡고 집 모양 만들어 주기

교사 시범: "창가에." (양손으로 네모 모양의 창을 만들기)

교사가 유아의 손을 잡고 네모 모양의 창 만들어 주기

교사 시범: "작은 사람이 섰는데." (손을 이마에 얹고 밖을 바라보기)

교사가 유아의 손을 잡고 손을 이마에 얹고 밖을 바라보는 동작해 주기

5~6
세

251

교사 시범: "토끼." (양손을 머리에 올려 토끼 모양 만들기)

교사가 유아의 손을 잡고 양손을 머리에 올려 토끼 모양 만들어 주기

교사 시범: "한 마리가." (오른손 주먹을 쥔 상태에서 엄지 세우기)

교사가 유아의 손을 잡고 오른손 주먹을 쥔 상태에서 엄지를 세우는 동작해 주기

교사 시범: "뛰어와." (뛰어오는 동작)

교사가 유아의 손을 잡고 뛰어오는 동작해 주기

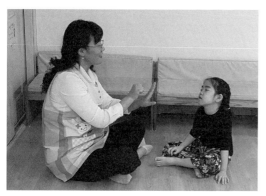

교사 시범: "문 두드리며 하는 말." (왼손 바닥을 펴서 오른손 주먹으로 문을 두드리는 동작)

교사가 유아의 손을 잡고 오른손으로 문을 두드리는 동작해 주기

교사 시범: "저기 있는 포수가." (검지로 가리키는 동작)

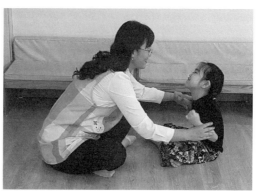

교사가 유아의 손을 잡고 검지로 가리키는 동작해 주기

교사 시범: "나를 빵 쏘려고 해요." (엄지와 검지로 총을 만들어 쏘는 동작)

교사가 유아의 손을 잡고 엄지와 검지로 총을 만들어 쏘는 동작해 주기

5~6
세

교사 시범: "나를 빵 쏘려고 해요." (엄지와 검지로 총을 만들어 쏘는 동작)

교사가 유아의 손을 잡고 엄지와 검지로 총을 만들어 쏘는 동작해 주기

교사 시범: "작은 토끼야." (양손을 머리에 올려 토끼 모양 만들기)

교사가 유아의 손을 잡고 양손을 머리에 올려 토끼 모양 만들어 주기

교사 시범: "들어와." (들어오라고 손짓하는 동작)

교사가 유아의 손을 잡고 들어오라고 손짓하는 동작해 주기

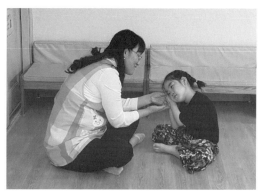

교사 시범: "편히 쉬어라." (두 손을 모아 귀에 대고 잠
　　자는 동작)

교사가 유아의 손을 잡고 두 손을 모아 귀에 대고
잠자는 동작해 주기

142 다른 교실에서 또래 데려오기　5~6세

목표 | 다른 교실에서 또래를 데리고 올 수 있다.

자료 | 강화제

방법 ❶

- 교사가 다른 유아에게 다른 교실에서 또래를 데려오라고 지시하면 또래를 데려오는 시범을 보인다.
- 교사가 유아에게 다른 교실에서 또래를 데려오라고 지시하면 다른 유아를 모방하여 또래를 데리고 오라고 한다.
- 수행되면 교사가 유아에게 다른 교실에서 또래를 데리고 오라고 지시하면 유아 스스로 또래를 데리고 오라고 한다.
- 수행되면 유아의 특성에 맞는 적절한 강화제를 제공한다.

5~6
세

방법 ❷

- 교사가 다른 유아에게 다른 교실에서 또래를 데려오라고 지시하면 데려오는 시범을 보인다.
- 교사가 유아에게 다른 교실에서 또래를 데려오라고 지시하면 다른 유아를 모방하여 또래를 데리고 오라고 한다.
- 모방하지 못하면 교사가 유아에게 다른 교실에서 또래를 데려오라고 지시한 후 유아의 손을 잡고 또래를 데려온다.
- 교사가 유아에게 다른 교실에서 또래를 데려오라고 지시한 후 유아의 손을 또래에게 대 준 다음 데려오라고 한다.
- 데려오지 못하면 교사가 유아에게 다른 교실에서 또래를 데려오라고 지시한 후 유아의 손을 잡고 또래를 데려오는 동작을 반복해 준다.
- 수행되면 교사가 유아에게 다른 교실에서 또래를 데려오라고 지시한 후 유아를 또래 가까이 세워 준 다음 또래를 데려오라고 한다.
- 도움을 점차 줄여 간다.
- 수행되면 교사가 유아에게 다른 교실에서 또래를 데려오라고 지시하면 유아 스스로 또래를 데려와 보라고 한다.
- 수행되면 유아의 특성에 맞는 적절한 강화제를 제공한다.

143 음악에 맞추어 교사와 춤추기   5~6세

목표 | 음악에 맞추어 교사와 함께 춤을 출 수 있다.
자료 | 카세트, 테이프, 강화제

방법 ❶

- 교사가 음악에 맞추어 춤을 추는 시범을 보인다.

- 유아에게 교사를 모방하여 음악에 맞추어 교사와 함께 춤을 춰 보라고 한다.
- 수행되면 유아 스스로 음악에 맞추어 교사와 함께 춤을 춰 보라고 한다.
- 수행되면 유아의 특성에 맞는 적절한 강화제를 제공한다.

방법 ❷

- 교사가 예를 들어 〈나처럼 해 봐요〉라는 음악에 맞추어 춤을 추는 시범을 보인다.
- 유아에게 교사를 모방하여 〈나처럼 해 봐요〉라는 음악에 맞추어 교사와 함께 춤을 춰 보라고 한다.
- 모방하지 못하면 교사가 유아의 손을 잡고 〈나처럼 해 봐요〉라는 음악에 맞추어 함께 춤을 춘다.
- 교사가 유아의 손을 잡고 〈나처럼 해 봐요〉라는 음악에 맞추어 춤을 추다가 유아의 손을 놓고 춤을 춰 보라고 한다.
- 추지 못하면 교사가 유아의 손을 잡고 〈나처럼 해 봐요〉라는 음악에 맞추어 함께 춤을 추는 동작을 반복해 준다.
- 도움을 점차 줄여 간다.
- 수행되면 유아 스스로 〈나처럼 해 봐요〉라는 음악에 맞추어 교사와 함께 춤을 춰 보라고 한다.
- 수행되면 유아의 특성에 맞는 적절한 강화제를 제공한다.

5~6
세

144 잘못하였을 때 사과하기　5~6세

목표 | 잘못하였을 때 사과할 수 있다.

자료 | 강화제

방법 ❶

- 교사가 잘못하였을 때 "미안해."라고 사과하는 시범을 보인다.
- 유아에게 교사를 모방하여 잘못하였을 때 "미안해."라고 사과해 보라고 한다.
- 수행되면 유아 스스로 잘못하였을 때 "미안해."라고 사과해 보라고 한다.
- 수행되면 유아의 특성에 맞는 적절한 강화제를 제공한다.

방법 ❷

- 교사가 예를 들어 유아의 발을 밟았을 때 "미안해."라고 사과하는 시범을 보인다.
- 유아에게 교사를 모방하여, 예를 들어 또래의 발을 밟았을 때 "미안해."라고 사과해 보라고 한다.
- 모방하지 못하면 교사가 "미안해."라고 반복해서 말해 준 후 유아에게 "미안해."라고 사과하게 한다.
- 수행되면 교사가 "미."라고 첫 글자를 말해 준 후 유아에게 "미안해."라고 사과해 보라고 한다.
- 도움을 점차 줄여 간다.
- 수행되면 유아 스스로 또래의 발을 밟았을 때 "미안해."라고 사과해 보라고 한다.
- 수행되면 유아의 특성에 맞는 적절한 강화제를 제공한다.

145 협동하여 블록으로 집 만들기   5~6세

목표 | 협동하여 블록을 쌓아 집을 만들 수 있다.
자료 | 다양한 블록, 강화제

방법 ❶

- 교사가 다른 유아들과 협동하여 블록을 쌓아, 예를 들어 집을 만드는 시범을 보

258

인다.

- 유아에게 교사를 모방하여 다른 유아들과 협동하여 블록을 쌓아 집을 만들어 보라고 한다.
- 수행되면 유아 스스로 다른 유아들과 협동하여 블록을 쌓아 집을 만들어 보라고 한다.
- 수행되면 유아의 특성에 맞는 적절한 강화제를 제공한다.

방법 ❷

- 교사가 다른 유아들과 협동하여 블록을 쌓아, 예를 들어 집을 만드는 시범을 보인다.
- 유아에게 교사를 모방하여, 다른 유아들과 협동하여 블록을 쌓아 집을 만들어 보라고 한다.
- 모방하지 못하면 교사가 유아의 손을 잡고 다른 유아들과 협동하여 블록을 쌓아 집을 만들게 해 준다.
- 다른 유아가 블록을 쌓은 후 교사가 블록을 가리키며 유아에게 블록을 쌓는 동작을 반복하여 집을 만들어 보라고 한다.
- 만들지 못하면 교사가 유아의 손을 잡고 다른 유아들과 협동하여 블록을 쌓는 동작을 반복하여 집을 만들게 해 준다.
- 도움을 점차 줄여 간다.
- 수행되면 유아 스스로 다른 유아들과 협동하여 블록을 쌓아 집을 만들어 보라고 한다.
- 수행되면 유아의 특성에 맞는 적절한 강화제를 제공한다.

5~6
세

146 다른 사람의 물건 사용할 때 허락 구하기

목표 | 다른 사람의 물건을 사용할 때 허락을 구할 수 있다.

자료 | 유아들의 물건, 강화제

방법 ❶

- 교사의 다른 사람의 물건을 사용해야 할 때 어떻게 해야 하는지 먼저 설명한다.

- 교사가 다른 유아의 물건을 사용해야 할 때 "○○ 빌려줘."라고 말하며 허락을 구하는 시범을 보인다.

- 유아에게 교사를 모방하여 또래의 물건을 사용해야 할 때 "○○ 빌려줘."라고 말하며 허락을 구해 보라고 한다.

- 수행되면 유아 스스로 또래의 물건을 사용해야 할 때 "○○ 빌려줘."라고 말하며 허락을 구해 보라고 한다.

- 수행되면 유아의 특성에 맞는 적절한 강화제를 제공한다.

방법 ❷

- 교사의 다른 사람의 물건을 사용해야 할 때 어떻게 해야 하는지 먼저 설명한다.

- 교사가 예를 들어 다른 교사의 가위를 사용해야 할 때 "가위 빌려줘."라고 말하며 허락을 구하는 시범을 보인다.

- 유아에게 교사를 모방하여, 예를 들어 또래의 가위를 사용해야 할 때 "가위 빌려줘."라고 말하며 허락을 구해 보라고 한다.

- 모방하지 못하면 유아가 또래의 가위를 사용해야 할 때 교사가 "가위 빌려."라고 말해 준 후 유아에게 "가위 빌려줘."라고 말하며 허락을 구해 보라고 한다.

- 수행되면 유아가 또래의 가위를 사용해야 할 때 교사가 "가위 빌."이라고 말해 준 후 유아에게 "가위 빌려줘."라고 말하며 허락을 구해 보라고 한다.

- 구하지 못하면 유아가 또래의 가위를 사용해야 할 때 교사가 "가위 빌려."라고 말해 준 후 유아에게 "가위 빌려줘."라고 말하며 허락을 구하는 말을 반복하게 해 준다.
- 도움을 점차 줄여 간다.
- 수행되면 유아가 또래의 가위를 사용해야 할 때 유아 스스로 "가위 빌려줘."라고 말하며 허락을 구해 보라고 한다.
- 수행되면 유아의 특성에 맞는 적절한 강화제를 제공한다.

 147 **간단한 정리 정돈하기** 5~6세

목표 | 간단한 정리 정돈을 할 수 있다.
자료 | 여러 가지 물건 등, 강화제

방법 ❶
- 교사가 예를 들어 간식을 먹은 후 그릇을 정리하는 시범을 보인다.
- 유아에게 교사를 모방하여 간식을 먹은 후 그릇을 정리해 보라고 한다.
- 수행되면 유아 스스로 간식을 먹은 후 그릇을 정리해 보라고 한다.
- 수행되면 유아의 특성에 맞는 적절한 강화제를 제공한다.

방법 ❷
- 교사가 예를 들어 간식을 먹은 후 그릇을 정리하는 시범을 보인다.
- 유아에게 교사를 모방하여 간식을 먹은 후 그릇을 정리해 보라고 한다.
- 모방하지 못하면 교사가 유아의 손을 잡고 간식을 먹은 그릇을 정리해 준다.
- 교사가 간식을 먹은 그릇을 가리키며 유아에게 정리해 보라고 한다.
- 정리하지 못하면 교사가 유아의 손을 잡고 간식을 먹은 그릇을 정리하는 동작을 반복해 준다.

- 도움을 점차 줄여 가다.
- 수행되면 유아 스스로 간식을 먹은 후 그릇을 정리해 보라고 한다.
- 수행되면 다른 물건을 정리하는 것도 간식 그릇을 정리한 것과 같은 방법으로 지도한다.
- 수행되면 유아의 특성에 맞는 적절한 강화제를 제공한다.

148 또래 간지럽히기 5~6세

목표 | 또래를 간지럽힐 수 있다.
자료 | 강화제

방법 ❶
- 교사가 유아를 간지럽히는 시범을 보인다.
- 유아에게 교사를 모방하여 또래를 간지럽혀 보라고 한다.
- 수행되면 유아 스스로 또래를 간지럽혀 보라고 한다.
- 수행되면 유아의 특성에 맞는 적절한 강화제를 제공한다.

방법 ❷
- 교사가 유아를 간지럽히는 시범을 보인다.
- 유아에게 교사를 모방하여 또래를 간지럽혀 보라고 한다.
- 모방하지 못하면 교사가 유아의 손을 잡고 또래를 간지럽혀 준다.
- 교사가 유아의 손을 또래의 겨드랑이에 대 준 후 간지럽혀 보라고 한다.
- 간지럽히지 못하면 교사가 유아의 손을 잡고 또래를 간지럽혀 주는 동작을 반복해 준다.
- 교사가 유아의 손을 또래의 겨드랑이 가까이에 대 준 후 간지럽혀 보라고 한다.

- 도움을 점차 줄여 간다.
- 수행되면 유아 스스로 또래를 간지럽혀 보라고 한다.
- 수행되면 유아의 특성에 맞는 적절한 강화제를 제공한다.

☞ 인형을 가지고 간지럽히는 방법을 지도한 후 다른 유아를 간지럽히도록 지도해도 무방하다.

149 또래와 시소 타기

목표 | 또래와 시소를 탈 수 있다.

자료 | 시소, 강화제

방법 ❶

- 교사가 다른 교사와 시소를 타는 시범을 보인다.
- 유아에게 교사를 모방하여 또래와 시소를 타 보라고 한다.
- 수행되면 유아 스스로 또래와 시소를 타 보라고 한다.
- 수행되면 유아의 특성에 맞는 적절한 강화제를 제공한다.

방법 ❷

- 교사가 다른 교사와 시소를 타는 시범을 보인다.
- 유아에게 교사를 모방하여 또래와 시소를 타 보라고 한다.
- 모방하지 못하면 교사가 유아의 뒤에서 양쪽 겨드랑이에 손을 넣은 후 유아의 몸을 살짝 들었다가 다시 내려 주어 시소가 올라갔다 내려가는 것을 보여 주며 또래와 시소를 타게 해 준다.
- 교사가 유아의 뒤에서 한쪽 겨드랑이에 손을 넣은 후 유아의 몸을 살짝 들게 했다가 다시 내려 주어 또래와 시소를 타 보라고 한다.
- 타지 못하면 교사가 유아의 뒤에서 양쪽 겨드랑이에 손을 넣은 후 유아의 몸을 살짝 들었다가 다시 내려 주어 시소가 올라갔다 내려가는 것을 반복해서 보여 주며 태워 준다.
- 교사가 유아의 손을 잡아 준 후 또래와 시소를 타 보라고 한다.
- 수행되면 교사가 유아가 앉은 쪽의 시소가 올라올 때 "엉덩이를 들었다가 앉아요."라고 말해 주며 또래와 시소를 타 보라고 한다.

- 도움을 점차 줄여 간다.
- 수행되면 유아 스스로 또래와 시소를 타 보라고 한다.
- 수행되면 유아의 특성에 맞는 적절한 강화제를 제공한다.

☞ 유아를 놀이터에 데리고 가서 시소를 타기 전 다른 유아들이 시소 타는 모습을 보여 준 후 시소 타기를 지도하면 더 효과적일 수 있다.

간단한 심부름하기 5~6세

목표 | 간단한 심부름을 할 수 있다.

자료 | 다양한 물건, 강화제

방법 ❶

- 다른 교사가 교사에게 간단한 심부름(예: 물 가져오기)을 시키면 심부름을 하는 시범을 보인다.
- 교사가 유아에게 간단한 심부름을 시키면 교사를 모방하여 심부름을 해 보라고 한다.
- 수행되면 교사가 유아에게 간단한 심부름을 시킬 때 유아 스스로 심부름을 해 보라고 한다.
- 수행되면 유아의 특성에 맞는 적절한 강화제를 제공한다.

방법 ❷

- 다른 교사가 예를 들어 교사에게 컵을 가져오라고 심부름을 시키면 컵을 가져다주는 시범을 보인다.
- 다른 교사가 유아에게 컵을 가져오라고 심부름을 시키면 교사를 모방하여 컵을 가져다주라고 한다.
- 모방하지 못하면 다른 교사가 유아에게 컵을 가져오라고 심부름을 시킬 때 교사가 유아의 손을 잡고 컵을 가져다준다.
- 다른 교사가 유아에게 컵을 가져오라고 심부름을 시킬 때 교사가 컵 앞에 유아를 세워 준 후 컵을 가져다주라고 한다.
- 가져다주지 못하면 다른 교사가 유아에게 컵을 가져오라고 심부름을 시킬 때 교사가 유아의 손을 잡고 컵을 가져다주는 동작을 반복해 준다.

5~6
세

- 다른 교사가 유아에게 컵을 가져오라고 심부름을 시킬 때 교사가 컵을 가리키며 유아에게 가져다주라고 한다.
- 도움을 점차 줄여 간다.
- 수행되면 다른 교사가 유아에게 컵을 가져오라고 심부름을 시킬 때 유아 스스로 컵을 가져다주라고 한다.
- 수행되면 유아의 특성에 맞는 적절한 강화제를 제공한다.

151 혼자서 할 수 있는 일은 스스로 하기 [5~6세]

목표 | 혼자서 할 수 있는 일은 스스로 할 수 있다.
자료 | 동화책, 다양한 물건 등, 강화제

방법 ❶
- 교사가 혼자서 할 수 있는 일은 스스로 하는 시범을 보인다.
- 유아에게 교사를 모방하여 혼자서 할 수 있는 일은 스스로 해 보라고 한다.
- 수행되면 유아 스스로 혼자서 할 수 있는 일은 스스로 해 보라고 한다.
- 수행되면 유아의 특성에 맞는 적절한 강화제를 제공한다.

방법 ❷
- 교사가 예를 들어 스스로 동화책을 정리하는 시범을 보인다.
- 유아에게 교사를 모방하여 스스로 동화책을 정리해 보라고 한다.
- 정리하지 못하면 교사가 유아의 손을 잡고 동화책을 정리해 준다.
- 교사가 유아의 손을 동화책에 대 준 후 정리해 보라고 한다.
- 정리하지 못하면 교사가 유아의 손을 잡고 동화책을 정리해 주는 동작을 반복해 준다.

- 교사가 동화책을 가리키며 유아에게 정리해 보라고 한다.
- 도움을 점차 줄여 간다.
- 수행되면 유아 스스로 동화책을 정리해 보라고 한다.
- 수행되면 유아 스스로 정리할 수 있는 다른 것들도 동화책을 정리한 것과 같은 방법으로 지도한다.
- 수행되면 유아의 특성에 맞는 적절한 강화제를 제공한다.

152 다른 사람을 위해 노래 부르기 `5~6세`

목표 | 다른 사람을 위해 노래를 부를 수 있다.

자료 | 강화제

방법 ❶
- 교사가 다른 사람을 위해 노래를 부르는 시범을 보인다.
- 유아에게 교사를 모방하여 다른 사람을 위해 노래를 불러 보라고 한다.
- 수행되면 유아 스스로 다른 사람을 위해 노래를 불러 보라고 한다.
- 수행되면 유아의 특성에 맞는 적절한 강화제를 제공한다.

방법 ❷
- 교사가 다른 사람을 위해 노래를 부르는 시범을 보인다.
- 유아에게 교사를 모방하여 다른 사람을 위해 노래를 불러 보라고 한다.
- 모방하지 못하면 교사가 한 소절을 불러 준 후 유아에게 교사를 모방하여 한 소절을 부르게 한다.
- 수행되면 교사가 첫 음절을 불러 준 후 유아에게 한 소절을 불러 보라고 한다.
- 부르지 못하면 교사가 한 소절을 불러 준 후 유아에게 교사를 모방하여 한 소절을

반복해서 부르게 한다.

- 수행되면 교사가 두 소절을 불러 준 후 유아에게 교사를 모방하여 두 소절을 부르게 한다.
- 수행되면 교사가 첫 음절을 불러 준 후 유아에게 두 소절을 불러 보라고 한다.
- 도움을 점차 줄여 간다.
- 수행되면 나머지 소절도 같은 방법으로 지도한다.
- 수행되면 다른 노래들도 같은 방법으로 지도한다.
- 수행되면 유아의 특성에 맞는 적절한 강화제를 제공한다.

153 전화받고 성인 부르기 5~6세

목표 | 전화를 받고 성인을 부를 수 있다.

자료 | 전화기, 강화제

방법 ❶
- 교사가 전화를 받고 예를 들어 다른 교사를 부르는 시범을 보인다.
- 교사가 유아에게 전화를 걸어 다른 교사를 바꾸어 달라고 하면 유아가 교사를 모방하여 다른 교사를 불러 보라고 한다.
- 수행되면 교사가 유아에게 전화를 걸어 다른 교사를 바꾸어 달라고 하면 유아 스스로 다른 교사를 불러 보라고 한다.
- 수행되면 유아의 특성에 맞는 적절한 강화제를 제공한다.

방법 ❷
- 교사가 전화를 받고 예를 들어 다른 교사를 부르는 시범을 보인다.
- 교사가 유아에게 전화를 걸어 다른 교사를 바꾸어 달라고 하면 유아가 교사를 모

방하여 다른 교사를 불러 보라고 한다.

- 모방하지 못하면 교사가 유아에게 전화를 걸어 다른 교사를 바꾸어 달라고 한 후 유아의 손을 잡고 다른 교사를 불러 준다.
- 교사가 유아에게 전화를 걸어 다른 교사를 바꾸어 달라고 한 후 다른 교사를 가리키며 유아에게 불러 보라고 한다.
- 부르지 못하면 교사가 유아에게 전화를 걸어 다른 교사를 바꾸어 달라고 한 후 유아의 손을 잡고 다른 교사를 부르러 가는 행동을 반복해 준다.
- 도움을 점차 줄여 간다.
- 수행되면 교사가 유아에게 전화를 걸어 다른 교사를 바꾸어 달라고 할 때 유아 스스로 다른 교사를 불러 보라고 한다.
- 수행되면 유아의 특성에 맞는 적절한 강화제를 제공한다.

5~6
세

275

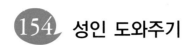 **성인 도와주기** 5~6세

목표 | 성인을 도와줄 수 있다.
자료 | 빨래, 그릇 등, 강화제

방법 ❶

- 교사가 예를 들어 다른 교사가 간식 그릇을 정리하고 있을 때 도와주는 시범을 보인다.
- 유아에게 교사를 모방하여 교사가 간식 그릇을 정리하고 있을 때 도와주라고 한다.
- 수행되면 유아 스스로 교사가 간식 그릇을 정리하고 있을 때 도와주라고 한다.
- 수행되면 유아의 특성에 맞는 적절한 강화제를 제공한다.

방법 ❷

- 교사가 예를 들어 다른 교사가 크레파스를 정리하고 있을 때 도와주는 시범을 보인다.
- 유아에게 교사를 모방하여 다른 교사가 크레파스를 정리하고 있을 때 도와주라고 한다.
- 모방하지 못하면 다른 교사가 크레파스를 정리하고 있을 때 교사가 유아의 손을 잡고 도와준다.
- 다른 교사가 크레파스를 정리하고 있을 때 교사가 크레파스를 가리키며 유아에게 도와주라고 한다.
- 도와주지 못하면 다른 교사가 크레파스를 정리하고 있을 때 교사가 유아의 손을 잡고 도와주는 행동을 반복해 준다.
- 다른 교사가 크레파스를 정리하고 있을 때 교사가 유아의 손을 크레파스 가까이

내 준 후 도와주라고 한다.

- 도움을 점차 줄여 간다.
- 수행되면 다른 교사가 크레파스를 정리하고 있을 때 유아 스스로 도와주라고 한다.
- 수행되면 유아의 특성에 맞는 적절한 강화제를 제공한다.

155 동성 친구 선택하기 5~6세

목표 │ 동성 친구를 선택할 수 있다.
자료 │ 강화제

방법 ❶
- 교사가 예를 들어 여자일 경우 남자와 여자 유아 중 여자 유아를 선택하는 시범을 보인다.
- 유아가 예를 들어 여아일 경우 교사를 모방하여 여자 유아를 선택해 보라고 한다.
- 수행되면 유아 스스로 여자 유아를 선택해 보라고 한다.
- 수행되면 유아의 특성에 맞는 적절한 강화제를 제공한다.

방법 ❷
- 교사가 예를 들어 여자일 경우 남자와 여자 유아 중 여자 유아를 선택하는 시범을 보인다.
- 유아가 예를 들어 여아일 경우 교사를 모방하여 여자 유아를 선택해 보라고 한다.
- 모방하지 못하면 교사가 유아를 또래에게 데리고 가서 여자 유아를 선택하게 해 준다.
- 교사가 유아를 또래에게 데려다준 후 여자 유아를 가리키며 유아에게 선택해 보

라고 한다.

- 선택하지 못하면 교사가 유아를 또래에게 데리고 가서 여자 유아를 선택하는 것을 반복해 준다.
- 도움을 점차 줄여 간다.
- 수행되면 유아 스스로 또래 중에서 여자 유아를 선택해 보라고 한다.
- 수행되면 유아의 특성에 맞는 적절한 강화제를 제공한다.

☞ 위의 지도 방법을 참고하여 남아는 남아, 여아는 여아를 선택하도록 지도하면 된다.

156. 다른 사람을 위해 식탁 닦기   5~6세

목표 | 다른 사람을 위해 식탁을 닦을 수 있다.
자료 | 행주 또는 물휴지, 강화제

방법 ❶
- 교사가 다른 사람을 위해 행주로 식탁을 닦는 시범을 보인다.
- 유아에게 교사를 모방하여 다른 사람을 위해 행주로 식탁을 닦아 보라고 한다.
- 수행되면 유아 스스로 다른 사람을 위해 행주로 식탁을 닦아 보라고 한다.
- 수행되면 유아의 특성에 맞는 적절한 강화제를 제공한다.

방법 ❷
- 교사가 다른 사람을 위해 행주로 식탁을 닦는 시범을 보인다.
- 유아에게 교사를 모방하여 다른 사람을 위해 행주로 식탁을 닦아 보라고 한다.
- 모방하지 못하면 교사가 유아의 손을 잡고 다른 사람을 위해 행주로 식탁을 닦아 준다.

- 교사가 식탁을 가리키며 유아에게 다른 사람을 위해 행주로 닦아 보라고 한다.
- 닦지 못하면 교사가 유아의 손을 잡고 다른 사람을 위해 행주로 식탁을 닦는 동작을 반복해 준다.
- 교사가 유아에게 행주를 잡으라고 한 후 유아의 손을 잡고 식탁의 3/4을 닦아 준 후 나머지는 유아에게 닦아 보라고 한다.
- 수행되면 교사가 유아의 손을 잡고 식탁의 2/4를 닦아 준 후 나머지는 유아에게 닦아 보라고 한다.
- 수행되면 교사가 유아의 손을 잡고 식탁의 1/4을 닦아 준 후 나머지는 유아에게 닦아 보라고 한다.
- 도움을 점차 줄여 간다.
- 수행되면 유아 스스로 다른 사람을 위해 행주로 식탁을 닦아 보라고 한다.
- 수행되면 유아의 특성에 맞는 적절한 강화제를 제공한다.

157 동화책 속 주인공 표정 읽기 `5~6세`

목표 | 동화책 속 주인공의 표정을 읽을 수 있다.
자료 | 강화제

방법 ❶

- 교사가 동화책 속 주인공의 표정을 읽는(말하는) 시범을 보인다.
- 유아에게 교사를 모방하여 동화책 속 주인공의 표정을 읽어 보라고 한다.
- 수행되면 유아 스스로 동화책 속 주인공의 표정을 읽어 보라고 한다.
- 수행되면 유아의 특성에 맞는 적절한 강화제를 제공한다.

- 다른 교사가 예를 들어 동화책을 읽어 주다 교사에게 "토끼들이 숲에서 놀고 있는데, 갑자기 큰 곰이 나타났어. 토끼들의 표정이 즐거워 보여? 슬퍼 보여? 놀랐어?"라고 물어 보면 "놀랐어요."라고 말하는 시범을 보인다.
- 교사가 동화책을 읽어 주다 "토끼들이 숲에서 놀고 있는데, 갑자기 큰 곰이 나타났어. 토끼들의 표정이 즐거워 보여? 슬퍼 보여? 놀랐어?"라고 물어보면 유아에게 교사를 모방하여 "놀랐어요."라고 말해 보라고 한다.
- 모방하지 못하면 교사가 "토끼들이 숲에서 놀고 있는데, 갑자기 큰 곰이 나타났어. 토끼들의 표정이 즐거워 보여? 슬퍼 보여? 놀랐어?"라고 물어본 후 "놀랐."이라고 말해 준 다음 유아에게 "놀랐어요."라고 말하게 한다.
- 수행되면 교사가 "놀."이라고 첫 글자를 말해 준 후 유아에게 "놀랐어요."라고 말해 보라고 한다.
- 하지 못하면 교사가 "토끼들이 숲에서 놀고 있는데, 갑자기 큰 곰이 나타났어. 토끼들의 표정이 즐거워 보여? 슬퍼 보여? 놀랐어?"라고 물어본 후 "놀랐."이라고 말해 준 다음 유아에게 "놀랐어요."라고 말하는 것을 반복하게 한다.
- 도움을 점차 줄여 간다.
- 수행되면 교사가 "토끼들이 숲에서 놀고 있는데, 갑자기 큰 곰이 나타났어. 토끼들의 표정이 즐거워 보여? 슬퍼 보여? 놀랐어?"라고 물어볼 때 유아 스스로 "놀랐어요."라고 말해 보라고 한다.
- 수행되면 동화책 속 다른 주인공의 표정 읽기도 토끼의 표정을 지도한 것과 같은 방법으로 지도한다.
- 수행되면 유아의 특성에 맞는 적절한 강화제를 제공한다.

☞ 동화책 속 주인공 표정 읽기 지도 시에 문제가 일어난 상황을 들려준 후 주인공의 기분을 물어보는 질문을 적절하게 하면 다른 사람의 감정을 살피거나 다른 사람의 입장에서 생각하는 힘을 키울 수 있다.

158 횡단보도 건널 때 좌우 살피기

목표 | 횡단보도를 건널 때 좌우를 살피며 건널 수 있다.

자료 | 횡단보도, 강화제

방법 ❶

- 교사가 신호등이 파란불일 때 횡단보도를 건너면서 좌우를 살피는 시범을 보인다.
- 유아에게 교사를 모방하여 신호등이 파란불일 때 횡단보도를 건너면서 좌우를 살펴보라고 한다.
- 수행되면 유아 스스로 신호등이 파란불일 때 횡단보도를 건너면서 좌우를 살펴보라고 한다.
- 수행되면 유아의 특성에 맞는 적절한 강화제를 제공한다.

방법 ❷

- 교사가 신호등이 파란불일 때 횡단보도를 건너면서 좌우를 살피는 시범을 보인다.
- 유아에게 교사를 모방하여 신호등이 파란불일 때 횡단보도를 건너면서 좌우를 살펴보라고 한다.
- 모방하지 못하면 교사가 유아의 손을 잡고 신호등이 파란불일 때 횡단보도를 건너면서 좌우를 살피게 해 준다.
- 신호등이 파란불일 때 교사가 횡단보도를 가리키며 유아에게 좌우를 살피며 건너보라고 한다.
- 건너지 못하면 교사가 유아의 손을 잡고 신호등이 파란불일 때 횡단보도를 건너면서 좌우를 살피는 동작을 반복해 준다.

- 도움을 점차 줄여 간다.
- 수행되면 유아 스스로 신호등이 파란불일 때 횡단보도를 건너면서 좌우를 살피며 건너 보라고 한다.
- 수행되면 유아의 특성에 맞는 적절한 강화제를 제공한다.

159. 인형 엉덩이 닦아 주기 5~6세

목표 | 인형의 엉덩이를 닦아 줄 수 있다.
자료 | 인형, 강화제

방법 ❶
- 교사가 인형의 엉덩이를 닦아 주는 시범을 보인다.
- 유아에게 교사를 모방하여 인형의 엉덩이를 닦아 주라고 한다.
- 수행되면 유아 스스로 인형의 엉덩이를 닦아 주라고 한다.
- 수행되면 유아의 특성에 맞는 적절한 강화제를 제공한다.

방법 ❷
- 교사가 인형의 엉덩이를 닦아 주는 시범을 보인다.
- 유아에게 교사를 모방하여 인형의 엉덩이를 닦아 주라고 한다.
- 모방하지 못하면 교사가 유아의 손을 잡고 인형의 엉덩이를 닦아 준다.
- 교사가 유아의 손을 인형의 엉덩이에 대 준 후 닦아 주라고 한다.
- 닦아 주지 못하면 교사가 유아의 손을 잡고 인형의 엉덩이를 닦아 주는 동작을 반복해 준다.
- 교사가 유아의 손을 인형의 엉덩이 가까이 대 준 후 유아에게 닦아 주라고 한다.
- 수행되면 교사가 인형의 엉덩이를 가리키며 유아에게 닦아 주라고 한다.

- 도움을 점차 줄여 간다.
- 수행되면 유아 스스로 인형의 엉덩이를 닦아 주라고 한다.
- 수행되면 유아의 특성에 맞는 적절한 강화제를 제공한다.

160 또래에게 필요한 물건 가져다주기 5~6세

목표 | 또래에게 필요한 물건을 가져다줄 수 있다.
자료 | 다양한 물건들, 강화제

방법 ❶
- 교사가 예를 들어 다른 교사가 코를 닦으려 하면 필요한 물건(예: 휴지)을 가져다주는 시범을 보인다.
- 유아에게 교사를 모방하여 또래에게 필요한 물건을 가져다주라고 한다.
- 수행되면 유아 스스로 또래에게 필요한 물건을 가져다주라고 한다.
- 수행되면 유아의 특성에 맞는 적절한 강화제를 제공한다.

방법 ❷
- 교사가 예를 들어 다른 교사가 색종이를 오리려고 하면 필요한 가위를 가져다주는 시범을 보인다.
- 예를 들어 또래가 색종이를 오리려고 하면 유아에게 교사를 모방하여 가위를 가져다주라고 한다.
- 모방하지 못하면 또래가 색종이를 오리려고 할 때 교사가 유아의 손을 잡고 가위를 가져다준다.
- 또래가 색종이를 오리려고 할 때 교사가 유아의 손을 가위 가까이 대 준 후 갖다주라고 한다.

- 주지 못하면 또래가 색종이를 오리려고 할 때 교사가 유아의 손을 잡고 가위를 갖다주는 동작을 반복해 준다.
- 또래가 색종이를 오리려고 할 때 교사가 가위를 가리키며 유아에게 갖다주라고 한다.
- 도움을 점차 줄여 간다.
- 수행되면 또래가 색종이를 오리려고 할 때 유아 스스로 가위를 갖다주라고 한다.
- 수행되면 다른 물건들도 또래가 필요한 상황을 만들어 가위를 지도한 것과 같은 방법으로 지도한다.
- 수행되면 유아의 특성에 맞는 적절한 강화제를 제공한다.

161 또래에게 부탁하기 5~6세

목표 | 또래에게 부탁을 할 수 있다.
자료 | 종이 등, 강화제

방법 ❶
- 교사가 다른 교사에게 부탁을 하는 시범을 보인다.
- 유아에게 교사를 모방하여 또래에게 부탁을 해 보라고 한다.
- 수행되면 유아 스스로 또래에게 부탁을 해 보라고 한다.
- 수행되면 유아의 특성에 맞는 적절한 강화제를 제공한다.

방법 ❷
- 교사가 예를 들어 종이를 붙이려고 하는데 풀이 없어 다른 교사에게 "풀 좀 주세요(빌려주세요)."라고 부탁을 하는 시범을 보인다.
- 교사가 예를 들어 유아에게 종이만 주면서 풀로 붙여 보라고 한 후 교사를 모방하

여 또래에게 "풀 좀 줘(빌려줘)."라고 부탁을 해 보라고 한다.

- 모방하지 못하면 교사가 유아의 손을 잡고 또래에게 가서 "풀 좀 줘."라고 부탁을 하게 해 준다.
- 교사가 유아를 또래에게 데리고 가서 "풀 좀."이라고 말해 준 후 유아에게 "풀 좀 줘."라고 부탁해 보라고 한다.
- 하지 못하면 교사가 유아의 손을 잡고 또래에게 가서 "풀 좀 줘."라고 하면서 부탁을 반복하게 해 준다.
- 수행되면 교사가 유아를 또래에게 데리고 가서 "풀."이라고 첫 음절을 말해 준 후 유아에게 "풀 좀 줘."라고 부탁을 해 보라고 한다.
- 도움을 점차 줄여 간다.
- 수행되면 유아 스스로 또래에게 가서 "풀 좀 줘."라고 부탁을 해 보라고 한다.
- 수행되면 유아의 특성에 맞는 적절한 강화제를 제공한다.

162 자기 전 부모에게 인사하기 5~6세

목표 ｜ 자기 전 부모에게 인사를 할 수 있다.

자료 ｜ 강화제

방법 ❶

- 교사가 자기 전 엄마, 아빠에게 인사(예: 잘 주무세요)를 하는 시범을 보인다.
- 유아에게 교사를 모방하여 자기 전 엄마, 아빠에게 인사를 해 보라고 한다.
- 수행되면 유아 스스로 자기 전 엄마, 아빠에게 인사를 해 보라고 한다.
- 수행되면 유아의 특성에 맞는 적절한 강화제를 제공한다.

방법 ❷

- 교사가 자기 전 엄마, 아빠에게 예를 들어 "잘 주무세요."라고 말하는 시범을 보인다.
- 유아에게 교사를 모방하여 자기 전 엄마, 아빠에게 "잘 주무세요."라고 말해 보라고 한다.
- 모방하지 못하면 교사가 "잘 주무."라고 말해 준 후 유아에게 "잘 주무세요."라고 말해 보라고 한다.
- 하지 못하면 교사가 "잘 주무."라고 말해 준 후 유아에게 "잘 주무세요."라고 말하는 것을 반복해 준다.
- 교사가 "잘."이라고 첫 글자를 말해 준 후 유아에게 "잘 주무세요."라고 말해 보라고 한다.
- 도움을 점차 줄여 간다.
- 수행되면 유아 스스로 자기 전 엄마, 아빠에게 "잘 주무세요."라고 말해 보라고 한다.
- 수행되면 유아의 특성에 맞는 적절한 강화제를 제공한다.

☞ 자기 전 부모에게 인사하기는 지도 방법을 숙지하여 부모가 집에서 교육을 시키는 것이 더 효과적이다.

☞ 교육기관에서는 이와 같은 방법으로 상황이 되면 또래에게 "잘 자."라는 인사를 지도하면 된다.

163 옳은 행동과 나쁜 행동 판단하기 `5~6세`

목표 | 옳은 행동과 나쁜 행동을 판단할 수 있다.
자료 | 옳은 행동과 나쁜 행동 그림자료, 강화제

방법 ❶

- 교사가 옳은 행동과 나쁜 행동의 그림을 배열한 후 분류하는 시범을 보인다.
- 유아에게 교사를 모방하여 옳은 행동과 나쁜 행동의 그림을 배열한 후 분류해 보라고 한다.
- 수행되면 유아 스스로 옳은 행동과 나쁜 행동의 그림을 배열한 후 분류해 보라고 한다.
- 수행되면 유아의 특성에 맞는 적절한 강화제를 제공한다.

방법 ❷

- 교사가 옳은 행동과 나쁜 행동의 그림을 배열한 후 분류하는 시범을 보인다.
- 교사가 옳은 행동과 나쁜 행동의 그림을 배열한 후 유아에게 교사를 모방하여 분류해 보라고 한다.
- 모방하지 못하면 교사가 옳은 행동과 나쁜 행동의 그림을 배열한 후 유아의 손을 잡고 분류해 준다.
- 교사가 옳은 행동과 나쁜 행동의 그림을 배열한 후 옳은 행동의 그림들을 가리키며 나쁜 행동의 그림을 분류해 보라고 한다.
- 하지 못하면 교사가 옳은 행동과 나쁜 행동의 그림을 배열한 후 유아의 손을 잡고 분류하는 동작을 반복해 준다.
- 도움을 점차 줄여 간다.
- 수행되면 교사가 옳은 행동과 나쁜 행동의 그림을 배열한 후 유아 스스로 분류해 보라고 한다.
- 수행되면 유아의 특성에 맞는 적절한 강화제를 제공한다.

5~6
세

293

또래와 협동 놀이 하기 5~6세

목표 | 또래와 협동 놀이를 할 수 있다.

자료 | 공, 빈 백, 협동 놀이가 가능한 자료 등, 강화제

방법 ❶

- 교사가 다른 교사와 협동 놀이(예: 공 운반하기)를 하는 시범을 보인다.
- 유아에게 교사를 모방하여 또래와 협동 놀이를 해 보라고 한다.
- 수행되면 유아 스스로 또래와 협동 놀이를 해 보라고 한다.
- 수행되면 유아의 특성에 맞는 적절한 강화제를 제공한다.

방법 ❷

- 교사가 예를 들어 다른 교사와 공 운반하기 놀이를 하는 시범을 보인다.
- 유아에게 교사를 모방하여 또래와 공 운반하기 놀이를 해 보라고 한다.
- 모방하지 못하면 교사가 유아의 손을 잡고 또래와 공을 운반해 준다.
- 교사가 유아의 손을 빈 백에 대 준 후 또래와 공을 운반해 보라고 한다.
- 하지 못하면 교사가 유아의 손을 잡고 또래와 공을 운반하는 동작을 반복해 준다.
- 교사가 유아의 손을 빈 백에 대 준 후 유아에게 또래와 공을 운반해 보라고 한다.
- 수행되면 교사가 빈 백을 가리키며 유아에게 또래와 공을 운반해 보라고 한다.
- 도움을 점차 줄여 간다.
- 수행되면 유아 스스로 또래와 공 운반하기 놀이를 해 보라고 한다.
- 수행되면 유아의 특성에 맞는 적절한 강화제를 제공한다.

☞ 빈 백은 다음 그림처럼 공을 운반할 수 있는 도구이다. 게임 시 공 이외에도 다양한 물건(예: 오재미 등)들을 운반하는 데 사용할 수 있다.

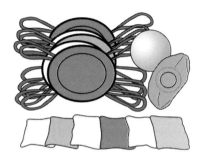

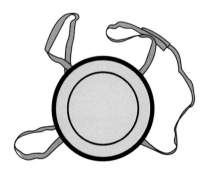

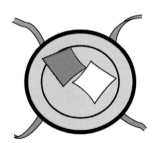

165 약속 지키기

목표 | 약속을 지킬 수 있다.

자료 | 강화제

방법 ❶

- 교사가 예를 들어 다른 교사와 약속한 것을 지키는 시범을 보인다.
- 유아에게 교사를 모방하여, 예를 들어 교사와 약속한 것을 지키라고 한다.
- 수행되면 유아 스스로 교사와 약속한 것을 지키라고 한다.
- 수행되면 유아의 특성에 맞는 적절한 강화제를 제공한다.

방법 ❷

- 교사가 예를 들어 다른 교사와 만나면 '안아 주기'를 약속한 것을 지키는 시범을 보인다.
- 유아에게 교사를 모방하여, 예를 들어 또래와 만나면 '안아 주기'를 약속한 것을 지키라고 한다.
- 모방하지 못하면 또래와 만날 때 교사가 유아의 팔을 잡고 또래의 등에 대 준 후 안게 해 준다.
- 또래와 만나면 교사가 유아의 손을 또래의 등에 대 준 후 안아 보라고 한다.
- 안지 못하면 또래와 만날 때 교사가 유아의 팔을 잡고 또래의 등에 대 준 후 안게 해 주는 동작을 반복해 준다.
- 또래와 만나면 교사가 또래의 등을 가리키며 유아에게 안아 주라고 한다.
- 도움을 점차 줄여 간다.
- 수행되면 유아 스스로 또래와 만나면 '안아 주기'를 약속한 것을 지키라고 한다.
- 수행되면 유아의 특성에 맞는 적절한 강화제를 제공한다.

☞ 사전에 유아와 어떤 약속을 정한 후 지도하도록 한다.

166 깨어났을 때 부모에게 인사하기 5~6세

목표 | 깨어났을 때 부모에게 인사를 할 수 있다.
자료 | 강화제

방법 ❶

- 교사가 엄마, 아빠가 깨어났을 때 인사(예: 잘 주무셨어요)를 하는 시범을 보인다.
- 유아에게 교사를 모방하여 엄마, 아빠가 깨어났을 때 인사를 해 보라고 한다.
- 수행되면 유아 스스로 엄마, 아빠가 깨어났을 때 인사를 해 보라고 한다.
- 수행되면 유아의 특성에 맞는 적절한 강화제를 제공한다.

방법 ❷

- 교사가 엄마, 아빠가 깨어났을 때 예를 들어 "잘 주무셨어요."라고 인사를 하는 시범을 보인다.
- 유아에게 교사를 모방하여 엄마, 아빠가 깨어났을 때 "잘 주무셨어요."라고 인사를 해 보라고 한다.
- 모방하지 못하면 교사가 "잘 주무."라고 말해 준 후 유아에게 "잘 주무셨어요."라고 인사를 해 보라고 한다.
- 하지 못하면 교사가 "잘 주무."라고 말해 준 후 유아에게 "잘 주무셨어요."라고 인사하는 것을 반복해 준다.
- 교사가 "잘."이라고 첫 글자를 말해 준 후 유아에게 "잘 주무셨어요."라고 인사해 보라고 한다.
- 도움을 점차 줄여 간다.

5~6세

- 수행되면 유아 스스로 엄마, 아빠가 깨어났을 때 "잘 주무셨어요."라고 인사를 해 보라고 한다.
- 수행되면 유아의 특성에 맞는 적절한 강화제를 제공한다.

☞ 깨어났을 때 부모에게 인사하기는 지도 방법을 숙지하여 부모가 집에서 아침에 깨어났을 때 교육을 시키는 것이 더 효과적이다.

☞ 교육기관에서는 위와 같은 방법으로 상황이 되면 또래에게 "잘 잤어."라는 인사를 지도하면 된다.

167 처음 만난 또래와 쉽게 어울리기 `5~6세`

목표 | 처음 만난 또래와 쉽게 어울릴 수 있다.
자료 | 강화제

방법 ❶
- 교사가 처음 만난 또래와 쉽게 어울리는 시범을 보인다.
- 유아에게 교사를 모방하여 처음 만난 또래와 쉽게 어울려 보라고 한다.
- 수행되면 유아 스스로 처음 만난 또래와 쉽게 어울려 보라고 한다.
- 수행되면 유아의 특성에 맞는 적절한 강화제를 제공한다.

방법 ❷
- 교사가 예를 들어 처음 만난 또래와 인사하며 쉽게 어울리는 시범을 보인다.
- 유아에게 교사를 모방하여 처음 만난 또래와 인사하며 쉽게 어울려 보라고 한다.
- 모방하지 못하면 교사가 유아를 또래에게 데리고 가서 인사하며 쉽게 어울리게

해 준다.

- 교사가 유아를 또래에게 데려다준 후 유아에게 인사하며 쉽게 어울려 보라고 한다.
- 어울리지 못하면 교사가 유아를 또래에게 데리고 가서 인사하며 쉽게 어울릴 수 있도록 반복해 준다.
- 교사가 다른 유아를 가리키며 유아에게 또래에게 가서 인사하며 쉽게 어울려 보라고 한다.
- 도움을 점차 줄여 간다.
- 수행되면 유아 스스로 처음 만난 또래와 쉽게 어울려 보라고 한다.
- 수행되면 유아의 특성에 맞는 적절한 강화제를 제공한다.

168 집단 놀이에서 규칙 따르기 5~6세

목표 | 집단 놀이에서 규칙을 따를 수 있다.
자료 | 놀이 재료, 강화제

방법 ❶

- 교사가 집단 놀이에서 규칙(예: 큰 공이 굴러오면 공을 잡아 다른 유아에게 전달하기)을 따르는 시범을 보인다.
- 유아에게 교사를 모방하여 집단 놀이에서 규칙을 따라 보라고 한다.
- 수행되면 유아 스스로 집단 놀이에서 규칙을 따라 보라고 한다.
- 수행되면 유아의 특성에 맞는 적절한 강화제를 제공한다.

방법 ❷

- 교사가 예를 들어 릴레이 경주 시 달리기를 하다 반환점에 도착하면 다른 교사에

게 '바통'을 전달하는 시범을 보인다.

- 유아에게 교사를 모방하여 달리기를 하다 반환점에 도착하면 또래에게 '바통'을 전달해 주라고 한다.
- 모방하지 못하면 교사가 유아의 손을 잡고 달리기를 하다가 반환점에 도착하면 또래에게 '바통'을 전달해 준다.
- 교사가 유아의 손을 잡고 달리기를 하다가 반환점에 도착하면 유아 스스로 또래에게 바통을 전달해 주라고 한다.
- 전달하지 못하면 교사가 달리기를 하다가 반환점에 도착하면 유아의 손을 잡고 또래에게 '바통'을 전달해 주는 동작을 반복해 준다.
- 유아가 달리기를 하다가 반환점에 도착히면 교사가 또래에게 '바통'을 전딜하라고 말해 주어 전달하게 한다.
- 도움을 점차 줄여 간다.
- 수행되면 유아 스스로 달리기를 하다 반환점에 도착하면 또래에게 '바통'을 전달해 주라고 한다.
- 수행되면 유아의 특성에 맞는 적절한 강화제를 제공한다.

301

169 사회적 상황에 적합한 말 사용하기 5~6세

목표 | 고마워, 괜찮아, 미안해 등의 말을 상황에 맞게 사용할 수 있다.
자료 | 간식 등, 강화제

방법 ❶

- 교사가 생활 속에서 '고마워, 괜찮아, 미안해' 등의 말을 상황에 맞게 사용하는 시범을 보인다.
- 유아에게 교사를 모방하여 '고마워, 괜찮아, 미안해' 등의 말을 상황에 맞게 사용해 보라고 한다.
- 수행되면 유아 스스로 '고마워, 괜찮아, 미안해' 등의 말을 상황에 맞게 사용해 보라고 한다.
- 수행되면 유아의 특성에 맞는 적절한 강화제를 제공한다.

방법 ❷

- 교사가 예를 들어 다른 교사가 간식을 주면 "고마워."라고 말하는 시범을 보인다.
- 예를 들어 또래가 유아에게 과자를 주면 교사를 모방하여 "고마워."라고 말해 보라고 한다.
- 모방하지 못하면 또래가 유아에게 과자를 줄 때 교사가 "고."라고 첫 음절을 말해 준 후 "고마워."라고 말해 보라고 한다.
- 말하지 못하면 또래가 유아에게 과자를 줄 때 교사가 "고."라고 첫 음절을 말해 준 후 유아에게 "고마워."라는 말을 반복하게 해 준다.
- 도움을 점차 줄여 간다.
- 수행되면 또래가 과자를 줄 때 유아 스스로 "고마워."라고 말해 보라고 한다.
- 수행되면 유아의 특성에 맞는 적절한 강화제를 제공한다.

5~6
세

자기감정을 표정이나 그림으로 표현하기 5~6세

목표 | 자기감정을 표정이나 그림으로 표현할 수 있다.

자료 | 과자 등 유아가 좋아하는 물건, 웃는 얼굴, 우는 얼굴, 화난 얼굴 등의 그림자료, 강화제

방법 ❶

• 교사가 그림책이나 그림자료를 보여 주며 웃는 상황, 우는 상황, 화나는 상황의 표정을 설명한다.

• 교사가 예를 들어 유아가 다른 유아와 사이좋게 노는 것을 보고 웃는 표정을 짓는 시범을 보인다.

• 예를 들어 유아에게 또래가 사탕을 주면 교사를 모방하여 웃는 표정을 지어(보여) 보라고 한다.

• 수행되면 또래가 사탕을 줄 때 유아 스스로 웃는 표정을 지어 보라고 한다.

• 수행되면 유아의 특성에 맞는 적절한 강화제를 제공한다.

방법 ❷

• 교사가 그림책이나 그림자료를 보여 주며 웃는 상황, 우는 상황, 화나는 상황의 표정을 설명한다.

• 교사가 예를 들어 유아가 다른 유아와 사이좋게 노는 것을 보고 웃는 표정을 짓는 시범을 보인다.

• 유아에게 예를 들어 또래가 사탕을 주면 교사를 모방하여 웃는 표정을 지어(보여) 보라고 한다.

• 모방하지 못하면 또래가 유아에게 사탕을 줄 때 교사가 웃는 표정을 보여 주며 유아에게 웃는 표정을 지어 보라고 한다.

- 짓지 못하면 또래가 유아에게 사탕을 줄 때 교사가 웃는 표정을 보여 주며 유아에게 웃는 표정을 짓는 동작을 반복하게 해 준다.
- 수행되면 또래가 유아에게 사탕을 줄 때 교사가 웃는 표정의 그림을 보여 주며 유아에게 웃는 표정을 지어 보라고 한다.
- 수행되면 또래가 유아에게 사탕을 줄 때 교사가 웃는 표정의 그림을 가리키며 유아에게 웃는 표정을 지어 보라고 한다.
- 도움을 점차 줄여 간다.
- 수행되면 또래가 유아에게 사탕을 줄 때 유아 스스로 웃는 표정을 지어 보라고 한다.
- 수행되면 다른 표정들도 웃는 표정을 지도한 것과 같은 방법으로 지도한다.
- 수행되면 유아의 특성에 맞는 적절한 강화제를 제공한다.

방법 ❸

- 교사가 그림책이나 그림자료를 보여 주며 웃는 상황, 우는 상황, 화나는 상황의 표정을 설명한 후 각 표정의 그림자료들을 펼쳐 놓는다.
- 교사가 예를 들어 유아가 다른 유아와 사이좋게 노는 것을 보고 웃는 표정을 고르거나 가리키는 시범을 보인다.
- 교사가 예를 들어 유아가 가장 좋아하는 과자를 주면서 유아의 기분이 어떤지 교사를 모방하여 웃는 표정을 고르거나 가리켜 보라고 한다.
- 모방하지 못하면 교사가 유아에게 가장 좋아하는 과자를 주면서 유아의 손을 잡고 웃는 표정의 그림을 고르거나 가리켜 준다.
- 교사가 유아에게 가장 좋아하는 과자를 주면서 웃는 표정의 그림을 가리키며 골라 보라고 한다.
- 고르거나 가리키지 못하면 교사가 유아에게 가장 좋아하는 과자를 주면서 유아의 손을 잡고 웃는 얼굴의 그림을 고르거나 가리키는 동작을 반복해 준다.
- 도움을 점차 줄여 간다.
- 수행되면 교사가 유아에게 가장 좋아하는 과자를 줄 때 유아 스스로 각 그림 중에

5~6
세

웃는 얼굴을 골라 보거나 가리켜 보라고 한다.

- 수행되면 다른 표정들도 웃는 표정을 고르거나 가리키는 것을 지도한 것과 같은 방법으로 지도한다.
- 수행되면 유아의 특성에 맞는 적절한 강화제를 제공한다.

☞ 방법 ❶, 방법 ❷도 유아가 표정 짓는 것을 어려워하면 표정 그림자료들을 펼쳐 놓고 표정을 고르거나 가리키게 지도해도 무방하다.

공공장소에서 규칙이나 질서 지키기

목표 ┃ 공공장소에서 규칙이나 질서를 지킬 수 있다.

자료 ┃ 강화제

방법 ❶

- 교사가 공공장소에서 규칙이나 질서(예: 줄 서기)를 지키는 시범을 보인다.
- 유아에게 교사를 모방하여 공공장소에서 규칙이나 질서를 지키라고 한다.
- 수행되면 유아 스스로 공공장소에서 규칙이나 질서를 지키라고 한다.
- 수행되면 유아의 특성에 맞는 적절한 강화제를 제공한다.

방법 ❷

- 교사가 예를 들어 화장실에서 손을 씻기 위해 줄을 서는 시범을 보인다.
- 유아에게 교사를 모방하여 화장실에서 손을 씻기 위해 줄을 서서 기다리는 규칙을 지켜 줄을 서 보라고 한다.
- 모방하지 못하면 교사가 유아의 손을 잡고 화장실에서 손을 씻기 위해 줄을 선다.
- 서지 못하면 교사가 유아의 손을 잡고 화장실에서 손을 씻기 위해 줄을 서는 동작을 반복해 준다.
- 도움을 점차 줄여 간다.
- 수행되면 유아 스스로 화장실에서 손을 씻기 위해 줄을 서서 기다리는 규칙을 지켜 줄을 서 보라고 한다.
- 수행되면 유아의 특성에 맞는 적절한 강화제를 제공한다.

172 또래를 교실로 불러서 함께 놀기 5~6세

목표 | 또래를 교실로 불러서 함께 놀 수 있다.

자료 | 다양한 장난감, 동화책 등, 강화제

방법 ❶

- 교사가 또래를 교실로 불러서 함께 노는 시범을 보인다.
- 유아에게 교사를 모방하여 또래를 교실로 불러서 함께 놀아 보라고 한다.
- 수행되면 유아 스스로 또래를 교실로 불러서 함께 놀아 보라고 한다.
- 수행되면 유아의 특성에 맞는 적절한 강화제를 제공한다.

방법 ❷

- 교사가 또래를 교실로 불러서, 예를 들어 '엄마, 아빠 놀이'를 하며 함께 노는 시범을 보인다.
- 유아에게 교사를 모방하여 또래를 교실로 불러서 '엄마, 아빠 놀이'를 하며 함께 놀아 보라고 한다.
- 모방하지 못하면 교사가 유아들을 교실로 불러서 '엄마, 아빠 놀이'를 하며 함께 놀게 해 준다.
- 교사가 유아와 함께 또래를 교실로 불러서 '엄마, 아빠 놀이'를 하며 함께 놀아 보라고 한다.
- 놀지 못하면 교사가 유아들을 교실로 불러서 '엄마, 아빠 놀이'를 하며 함께 노는 것을 반복해 준다.
- 교사가 다른 유아들을 가리키며 유아에게 교실로 불러서 '엄마, 아빠 놀이'를 하며 함께 놀아 보라고 한다.
- 도움을 점차 줄여 간다.

5~6세

• 수행되면 유아 스스로 또래를 교실로 불러서 '엄마, 아빠 놀이'를 하며 함께 놀아
  보라고 한다.
• 수행되면 유아의 특성에 맞는 적절한 강화제를 제공한다.

☞ 지도 방법을 숙지한 후 교사는 교육기관에서, 부모는 집에서 지도하도록 한다.

173 어려운 처지나 상황에 있는 또래 돕기 6~7세

목표 | 어려운 처지나 상황에 있는 또래를 도울 수 있다.

자료 | 강화제

방법 ❶

- 교사가 어려운 처지나 상황(예: 물건을 옮기는 상황)에 있는 다른 교사를 도와주는 시범을 보인다.
- 유아에게 교사를 모방하여 어려운 처지나 상황에 있는 또래를 도와주라고 한다.
- 수행되면 유아 스스로 어려운 처지나 상황에 있는 또래를 도와주라고 한다.
- 수행되면 유아의 특성에 맞는 적절한 강화제를 제공한다.

방법 ❷

- 교사가 예를 들어 물건을 옮기고 있는 다른 교사를 도와주는 시범을 보인다.
- 유아에게 교사를 모방하여, 예를 들어 블록을 옮기고 있는 또래를 도와주라고 한다.
- 모방하지 못하면 교사가 유아의 손을 잡고 블록을 옮기고 있는 또래를 도와주게 한다.
- 교사가 또래가 옮기고 있는 블록에 유아의 손을 대 준 후 도와주라고 한다.

- 도와주지 못하면 교사가 유아의 손을 잡고 블록을 옮기고 있는 또래를 도와주는 동작을 반복해 준다.
- 교사가 또래가 옮기고 있는 블록을 가리키며 유아에게 도와주라고 한다.
- 도움을 점차 줄여 간다.
- 수행되면 유아 스스로 블록을 옮기고 있는 또래를 도와주라고 한다.
- 수행되면 유아의 특성에 맞는 적절한 강화제를 제공한다.

174 친구나 가족에게 전화 걸기　6~7세

목표 | 친구나 가족에게 전화를 걸 수 있다.
자료 | 전화기, 강화제

방법 ❶
- 교사가 친구나 가족에게 전화를 거는 시범을 보인다.
- 유아에게 교사를 모방하여 친구나 가족에게 전화를 걸어 보라고 한다.
- 수행되면 유아 스스로 친구나 가족에게 전화를 걸어 보라고 한다.
- 수행되면 유아의 특성에 맞는 적절한 강화제를 제공한다.

방법 ❷
- 교사가 친구나 가족에게 전화를 거는 시범을 보인다.
- 유아에게 교사를 모방하여 친구나 가족에게 전화를 걸어 보라고 한다.
- 모방하지 못하면 교사가 유아의 손을 잡고 친구나 가족에게 전화를 걸어 준다.
- 교사가 전화를 가리키며 유아에게 친구나 가족에게 전화를 걸어 보라고 한다.
- 걸지 못하면 교사가 유아의 손을 잡고 친구나 가족에게 전화를 거는 동작을 반복해 준다.

- 도움을 점차 줄여 간다.
- 수행되면 유아 스스로 친구나 가족에게 전화를 걸어 보라고 한다.
- 수행되면 유아의 특성에 맞는 적절한 강화제를 제공한다.

방법 ❸

- 교사가 예를 들어 ○○○-△△△△-□□□□번으로 친구에게 전화를 거는 시범을 보인다.
- 유아에게 교사를 모방하여 ○○○-△△△△-□□□□번으로 친구에게 전화를 걸어 보라고 한다.
- 모방하지 못하면 교사가 유아의 손을 잡고 ○○○-△△△△-□□□□번으로 친구에게 전화를 걸어 준다.
- 교사가 ○○○-△△△△번까지 눌러 준 후 유아에게 □□□□번을 눌러 친구에게 전화를 걸어 보라고 한다.
- 걸지 못하면 교사가 유아의 손을 잡고 ○○○-△△△△-□□□□번으로 친구에게 전화를 거는 동작을 반복해 준다.
- 교사가 ○○○번까지 눌러 준 후 유아에게 △△△△-□□□□번을 눌러 친구에게 전화를 걸어 보라고 한다.
- 수행되면 교사가 첫 번호만 눌러 준 후 유아에게 ○○-△△△△-□□□□번을 눌러 친구에게 전화를 걸어 보라고 한다.
- 도움을 점차 줄여 간다.
- 수행되면 유아 스스로 ○○○-△△△△-□□□□번으로 친구에게 전화를 걸어 보라고 한다.
- 수행되면 유아의 특성에 맞는 적절한 강화제를 제공한다.

☞ 전화번호는 유아의 상태에 따라 융통성 있게 나누어서 지도하면 된다.

6~7
세

315

175 심부름하기

목표 | 심부름을 할 수 있다.
자료 | 강화제

방법 ❶

- 교사가 다른 유아에게 심부름(예: 인형 가져오기)을 시키면 다른 유아가 심부름을 하는 시범을 보인다.
- 교사가 유아에게 심부름을 시키면 다른 유아를 모방하여 심부름을 해 보라고 한다.
- 수행되면 교사가 유아에게 심부름을 시킬 때 유아 스스로 심부름을 해 보라고 한다.
- 수행되면 유아의 특성에 맞는 적절한 강화제를 제공한다.

방법 ❷

- 교사가 예를 들어 다른 유아에게 블록을 가져오라는 심부름을 시키면 다른 유아가 블록를 가져오는 시범을 보인다.
- 교사가 유아에게 블록을 가져오라고 심부름을 시키면 유아에게 다른 유아를 모방하여 심부름을 해 보라고 한다.
- 모방하지 못하면 교사가 유아에게 블록을 가져오라고 심부름을 시킨 후 유아의 손을 잡고 블록을 가져온다.
- 교사가 유아에게 블록을 가져오라고 심부름을 시킨 후 블록을 가리키며 유아에게 가져와 보라고 한다.
- 가져오지 못하면 교사가 유아에게 블록을 가져오라고 심부름을 시킨 후 유아의 손을 잡고 블록을 가져오는 동작을 반복해 준다.

- 도움을 점차 줄여 간다.
- 수행되면 교사가 유아에게 블록을 가져오라고 심부름을 시킬 때 유아 스스로 블록을 가져와 보라고 한다.
- 수행되면 유아의 특성에 맞는 적절한 강화제를 제공한다.

176 또래의 행동에 대해 말하기 6~7세

목표 | 또래의 행동에 대해 말할 수 있다.
자료 | 강화제

방법 ❶
- 교사가 예를 들어 "민수가 나 때렸어."라고 말하는 시범을 보인다.
- 유아에게 교사를 모방하여 "민수가 나 때렸어."라고 말해 보라고 한다.
- 수행되면 유아 스스로 "민수가 나 때렸어."라고 말해 보라고 한다.
- 수행되면 유아의 특성에 맞는 적절한 강화제를 제공한다.

방법 ❷
- 교사가 예를 들어 "민수가 나 때렸어."라고 말하는 시범을 보인다.
- 유아에게 교사를 모방하여 "민수가 나 때렸어."라고 말해 보라고 한다.
- 모방하지 못하면 교사가 "민수가 나."라고 말해 준 후 유아에게 "때렸어."라고 말하게 해 준다.
- 교사가 "민수가."라고 말해 준 후 유아에게 "나 때렸어."라고 말해 보라고 한다.
- 하지 못하면 "민수가 나."라고 말해 준 후 유아에게 "때렸어."라고 말하는 것을 반복하게 해 준다.
- 수행되면 교사가 "민수."라고 말해 준 후 유아에게 "민수가 나 때렸어."라고 말해

보라고 한다.

- 도움을 점차 줄여 간다.
- 수행되면 유아 스스로 "민수가 나 때렸어."라고 말해 보라고 한다.
- 수행되면 유아의 특성에 맞는 적절한 강화제를 제공한다.

177 또래에게 간단한 놀이의 규칙 설명하기 `6~7세`

목표 | 또래에게 간단한 놀이의 규칙을 설명할 수 있다.
자료 | 강화제

방법 ❶

- 교사가 예를 들어 '가위바위보 놀이를 해서 지면 심부름을 해야 한다'는 규칙을 설명하는 시범을 보인다.
- 유아에게 교사를 모방하여 '가위바위보 놀이를 해서 지면 심부름을 해야 한다'는 규칙을 설명해 보라고 한다.
- 수행되면 유아 스스로 '가위바위보 놀이를 해서 지면 심부름을 해야 한다'는 규칙을 설명해 보라고 한다.
- 수행되면 유아의 특성에 맞는 적절한 강화제를 제공한다.

방법 ❷

- 교사가 예를 들어 '가위바위보 놀이를 해서 지면 심부름을 해야 한다'는 규칙을 설명하는 시범을 보인다.
- 유아에게 교사를 모방하여 '가위바위보 놀이를 해서 지면 심부름을 해야 한다'는 규칙을 설명해 보라고 한다.
- 모방하지 못하면 교사가 "가위바위보 놀이를 해서 지면."이라고 말해 준 후 유아

에게 "심부름을 해야 한다."라고 설명하게 한다.

- 교사가 "가위바위보 놀이를 해서."라고 말해 준 후 유아에게 "지면 심부름을 해야 한다."라고 설명해 보라고 한다.
- 하지 못하면 교사가 "가위바위보 놀이를 해서 지면."이라고 말해 준 후 유아에게 "심부름을 해야 한다."라는 설명을 반복하게 해 준다.
- 수행되면 교사가 "가위바위보."라고 말해 준 후 유아에게 "놀이를 해서 지면 심부름을 해야 한다."라고 설명해 보라고 한다.
- 수행되면 교사가 "가위."라고 첫 음절을 말해 준 후 유아에게 "가위바위보 놀이를 해서 지면 심부름을 해야 한다."라고 설명해 보라고 한다.
- 도움을 점차 줄여 간다.
- 수행되면 유아 스스로 "가위바위보 놀이를 해서 지면 심부름을 해야 한다."라고 설명해 보라고 한다.
- 수행되면 유아의 특성에 맞는 적절한 강화제를 제공한다.

178 순서대로 악기 연주하기 6~7세

목표 | 순서대로 악기를 연주할 수 있다.
자료 | 마라카스, 탬버린, 작은북, 트라이앵글, 캐스터네츠, 동요 CD, 강화제

방법 ❶

- 교사가 먼저 예를 들어 탬버린, 마라카스, 작은북, 트라이앵글, 캐스터네츠를 순서대로 연주(흔들거나 두드리는 등)해야 한다는 것을 유아들에게 설명한다.
- 유아에게 예를 들어 마라카스를 쥐어 준다.
- 교사가 다른 유아들과 탬버린, 마라카스, 작은북, 트라이앵글, 캐스터네츠를 순서대로 연주하는 시범을 보인다.

- 유아에게 교사를 모방하여 마라카스 순서가 되면 흔들어 보라고 한다.
- 수행되면 유아 스스로 마라카스 순서가 되면 흔들어 보라고 한다.
- 수행되면 유아의 특성에 맞는 적절한 강화제를 제공한다.

방법 ❷

- 교사가 먼저 예를 들어 탬버린, 마라카스, 작은북, 트라이앵글, 캐스터네츠를 순서대로 연주(흔들거나 두드리는 등)해야 한다는 것을 유아들에게 설명한다.
- 유아에게 예를 들어 마라카스를 쥐어 준다.
- 교사가 다른 교사들과 탬버린, 마라카스, 작은북, 트라이앵글, 캐스터네츠를 순서대로 연주하는 시범을 보인다.
- 유아에게 교사를 모방하여 마라카스 순서가 되면 흔들어 보라고 한다.
- 모방하지 못하면 다른 유아가 탬버린을 연주한 다음 교사가 유아의 손을 잡고 마라카스를 흔들어 준다.
- 다른 유아가 탬버린을 연주한 다음 교사가 유아에게 "네 차례야."라고 말해 주며 유아에게 마라카스를 흔들어 보라고 한다.
- 흔들지 못하면 다른 유아가 탬버린을 연주한 다음 교사가 유아의 손을 잡고 마라카스를 흔들어 주는 동작을 반복해 준다.
- 도움을 점차 줄여 간다.
- 수행되면 다른 유아가 탬버린을 연주한 다음 유아 스스로 마라카스를 흔들어 보라고 한다.
- 수행되면 유아의 특성에 맞는 적절한 강화제를 제공한다.

☞ 여러 악기 중 유아가 좋아하거나 연주하고 싶은 악기를 유아에게 먼저 선택하게 하는 것이 바람직하다.

☞ 수행되면 유아에게 다른 악기를 준 후 위와 같은 방법으로 순서에 따라 연주하게 지도하

면 일반화시키기가 쉽다.

179 공공장소에서 예의 지키기 6~7세

목표 | 공공장소에서 예의를 지킬 수 있다.

자료 | 강화제

방법 ❶

- 교사가 공공장소에서 예의(예: 식당에서 제자리에 앉아 식사하기)를 지키는 시범을 보인다.
- 유아에게 교사를 모방하여 공공장소에서 예의를 지키라고 한다.
- 수행되면 공공장소에서 유아 스스로 예의를 지키라고 한다.
- 수행되면 유아의 특성에 맞는 적절한 강화제를 제공한다.

방법 ❷

- 교사가 예를 들어 식당에서 제자리에 앉아 식사를 하는 시범을 보인다.
- 유아에게 교사를 모방하여 식당에서 제자리에 앉아 식사를 하는 예의를 지키라고 한다.
- 모방하지 못하면 교사가 식당에서 유아의 옆에 앉아 유아가 제자리에 앉아 식사를 하게 해 준다.
- 교사가 유아를 식당에 앉힌 후 제자리에 앉아 식사를 하는 예의를 지키라고 한다.
- 지키지 못하면 교사가 식당에서 유아의 옆에 앉아 유아가 제자리에 앉아 식사를 하는 행동을 반복해 준다.
- 교사가 식당에서 유아가 앉을 자리를 가리키며 유아에게 제자리에 앉아 식사를 하는 예의를 지키라고 한다.
- 도움을 점차 줄여 간다.

6~7세

- 수행되면 유아 스스로 식당에서 제자리에 앉아 식사를 하는 예의를 지키라고 한다.
- 수행되면 유아의 특성에 맞는 적절한 강화제를 제공한다.

☞ 대중교통 이용 시 작은 목소리로 이야기하도록 하는 등 공공장소에서 지켜야 할 예의를 이와 같은 방법으로 지도하면 된다.

180. 도움을 요청하면 즉시 응하기　6~7세

목표 | 도움을 요청하면 즉시 응할 수 있다.
자료 | 강화제

방법 ❶
- 교사가 다른 교사나 유아가 도움을 요청하면 즉시 응하는 시범을 보인다.
- 유아에게 교사를 모방하여 또래가 도움을 요청하면 즉시 응해 보라고 한다.
- 수행되면 또래가 도움을 요청하면 유아 스스로 즉시 응해 보라고 한다.
- 수행되면 유아의 특성에 맞는 적절한 강화제를 제공한다.

방법 ❷
- 교사가 예를 들어 다른 유아가 장난감을 꺼내 달라고 도움을 요청하면 즉시 응하는 시범을 보인다.
- 유아에게 또래가 예를 들어 물건을 함께 옮기자고 도움을 요청하면 교사를 모방하여 즉시 응해 보라고 한다.
- 모방하지 못하면 또래가 물건을 함께 옮기자고 도움을 요청할 때 교사가 유아의 손을 잡고 또래와 물건을 옮기게 해 준다.

- 또래가 물건을 함께 옮기자고 도움을 요청할 때 교사가 유아의 손을 물건에 대 준 후 또래와 물건을 옮겨 보라고 한다.
- 옮기지 못하면 또래가 물건을 함께 옮기자고 도움을 요청할 때 교사가 유아의 손을 잡고 또래와 물건을 옮기는 동작을 반복해 준다.
- 수행되면 또래가 물건을 함께 옮기자고 도움을 요청할 때 교사가 물건을 가리키며 유아에게 또래와 옮겨 보라고 한다.
- 도움을 점차 줄여 간다.
- 수행되면 또래가 물건을 함께 옮기자고 도움을 요청할 때 유아 스스로 또래와 물건을 옮겨 보라고 한다.
- 수행되면 유아의 특성에 맞는 적절한 강화제를 제공한다.

181 또래에게 자기소개하기 6~7세

목표 | 또래에게 자기를 소개할 수 있다.
자료 | 강화제

방법 ❶
- 교사가 유아들에게 "나는 ○○○입니다. 여섯 살입니다."라고 자기를 소개하는 시범을 보인다.
- 유아에게 교사를 모방하여 또래에게 "나는 ○○○입니다. 여섯 살입니다."라고 자기를 소개해 보라고 한다.
- 수행되면 유아 스스로 또래에게 "나는 ○○○입니다. 여섯 살입니다."라고 자기를 소개해 보라고 한다.
- 수행되면 유아의 특성에 맞는 적절한 강화제를 제공한다.

방법 ❷

- 교사가 유아들에게 "나는 ○○○입니다."라고 자기를 소개하는 시범을 보인다.
- 유아에게 교사를 모방하여 또래에게 "나는 ○○○입니다."라고 자기를 소개해 보라고 한다.
- 모방하지 못하면 교사가 또래에게 "나는 ○○○."라고 유아의 이름을 말해 준 후 유아에게 "입니다."라고 자기를 소개하게 한다.
- 수행되면 교사가 또래에게 "나는."이라고 말해 준 후 유아에게 "○○○입니다."라고 자기를 소개해 보라고 한다.
- 하지 못하면 교사가 또래에게 "나는 ○○○."라고 유아의 이름을 말해 준 후 유아에게 "○○○입니다."라고 자기를 반복해서 소개하게 한다.
- 수행되면 교사가 또래에게 "나는."이라고 말해 준 후 유아에게 "나는 ○○○입니다."라고 자기를 소개해 보라고 한다.
- 도움을 점차 줄여 간다.
- 수행되면 유아 스스로 또래에게 "나는 ○○○입니다."라고 자기를 소개해 보라고 한다.
- 수행되면 교사가 유아들에게 "여섯 살입니다."라고 자기를 소개하는 시범을 보인다.
- 유아에게 교사를 모방하여 또래에게 "여섯 살입니다."라고 자기를 소개해 보라고 한다.
- 모방하지 못하면 교사가 또래에게 "여섯 살."이라고 말해 준 후 유아에게 "입니다."라고 자기를 소개하게 한다.
- 수행되면 교사가 또래에게 "여."라고 첫 음절을 말해 준 후 유아에게 "여섯 살입니다."라고 자기를 소개해 보라고 한다.
- 하지 못하면 교사가 또래에게 "여."라고 첫 음절을 말해 준 후 유아에게 "여섯 살입니다."라고 자기를 반복해서 소개하게 한다.
- 도움을 점차 줄여 간다.

- 수행되면 유아 스스로 또래에게 "여섯 살입니다."라고 자기를 소개해 보라고 한다.
- 수행되면 교사가 유아들에게 "나는 ○○○입니다. 여섯 살입니다."라고 자기를 소개하는 시범을 보인다.
- 수행되면 유아 스스로 또래에게 "나는 ○○○입니다. 여섯 살입니다."라고 자기를 소개해 보라고 한다.
- 수행되면 유아의 특성에 맞는 적절한 강화제를 제공한다.

☞ 교사가 자기를 소개할 때 유아의 상태에 따라 유아의 이름으로 소개를 하는 것도 효과적일 수 있다.

182 진행되고 있는 놀이에 끼어들기 6~7세

목표 | 진행되고 있는 놀이에 자연스럽게 끼어들 수 있다.
자료 | 놀이자료들, 강화제

방법 ❶
- 교사가 유아들이 놀이를 하고 있을 때 자연스럽게 끼어드는 시범을 보인다.
- 유아에게 교사를 모방하여 또래가 놀이를 하고 있을 때 자연스럽게 끼어들어 보라고 한다.
- 수행되면 유아 스스로 또래가 놀이를 하고 있을 때 자연스럽게 끼어들어 보라고 한다.
- 수행되면 유아의 특성에 맞는 적절한 강화제를 제공한다.

- 교사가 예를 들어 유아들이 소꿉놀이를 하고 있을 때 "나도 같이 놀자."라고 하면서 자연스럽게 끼어드는 시범을 보인다.
- 유아에게 교사를 모방하여 또래가 소꿉놀이를 하고 있을 때 "나도 같이 놀자."라고 하면서 자연스럽게 끼어들어 보라고 한다.
- 모방하지 못하면 교사가 유아의 손을 잡고 또래가 소꿉놀이를 하고 있을 때 "나도 같이 놀자."라고 하면서 자연스럽게 끼어들게 해 준다.
- 교사가 소꿉놀이를 하고 있는 유아들을 가리키며 유아에게 "나도 같이 놀자."라고 하면서 자연스럽게 끼어들어 보라고 한다.
- 끼지 못하면 교사가 유아의 손을 잡고 또래가 소꿉놀이를 하고 있을 때 "나도 같이 놀자."라고 하면서 자연스럽게 끼어드는 행동을 반복해 준다.
- 도움을 점차 줄여 간다.
- 수행되면 유아 스스로 또래가 소꿉놀이를 하고 있을 때 "나도 같이 놀자."라고 하면서 자연스럽게 끼어들어 보라고 한다.
- 수행되면 유아의 특성에 맞는 적절한 강화제를 제공한다.

183 또래와 게임하는 방법에 대해 의논하기 6~7세

목표 | 또래와 게임하는 방법에 대해 의논할 수 있다.

자료 | 매트, 강화제

방법 ❶

- 교사가 바닥에 매트를 깔아 놓고 또래와 게임하는 방법(예: 바닥을 구른 후 다음 사람 손을 터치하면 그 사람이 이어서 구르는 규칙)에 대해 의논하는 시범을 보인다.
- 유아에게 교사를 모방하여 또래와 게임하는 방법에 대해 의논해 보라고 한다.

- 수행되면 유아 스스로 또래와 게임하는 방법에 대해 의논해 보라고 한다.
- 수행되면 유아의 특성에 맞는 적절한 강화제를 제공한다.

방법 ❷

- 교사가 예를 들어 바닥에 매트를 깔아 놓고 구른 후 다음 사람 손을 터치하면 그 사람이 이어서 구르는 게임 방법에 대해 또래와 의논하는 시범을 보인다.
- 유아에게 교사를 모방하여 바닥을 구른 후 다음 사람 손을 터치하면 그 사람이 이어서 구르는 게임 방법에 대해 또래와 의논해 보라고 한다.
- 모방하지 못하면 바닥을 구른 후 다음 사람 손을 터치하면 그 사람이 이어서 구르는 게임 방법에 대해 교사가 유아를 데리고 또래와 함께 의논해 준다.
- 교사가 유아를 데리고 또래와 함께 앉아서 바닥을 구른 후 다음 사람 손을 터치한 다음 어떻게 하기로 했는지 유아에게 물어본 후 대답해 보라고 한다.
- 하지 못하면 바닥을 구른 후 다음 사람 손을 터치하면 그 사람이 이어서 구르는 게임 방법에 대해 교사가 유아를 데리고 또래와 함께 의논하는 것을 반복해 준다.
- 도움을 점차 줄여 간다.
- 수행되면 바닥을 구른 후 다음 사람 손을 터치하면 다음 사람이 이어서 구르는 게임 방법에 대해 유아 스스로 또래와 의논해 보라고 한다.
- 수행되면 유아의 특성에 맞는 적절한 강화제를 제공한다.

184 다른 사람의 감정에 공감하기　6~7세

목표 ｜ 다른 사람의 감정에 공감할 수 있다.

자료 ｜ 강화제

6~7
세

방법 ❶

- 교사가 동화책을 보여 주며 주인공이 웃거나 우는 그림이 나오면 교사도 웃거나 우는 시범을 보인다.
- 교사가 동화책을 보여 줄 때 주인공이 웃거나 우는 그림이 나오면 유아에게 교사를 모방하여 웃거나 울어 보라고 한다.
- 수행되면 교사가 동화책을 보여 줄 때 주인공이 웃거나 우는 그림이 나오면 유아 스스로 웃거나 울어 보라고 한다.
- 수행되면 유아의 특성에 맞는 적절한 강화제를 제공한다.

방법 ❷

- 교사가 동화책을 보여 주며, 예를 들어 주인공이 웃는 그림이 나오면 교사도 웃는 시범을 보인다.
- 교사가 동화책을 보여 줄 때 주인공이 웃는 그림이 나오면 유아에게 교사를 모방하여 웃어 보라고 한다.
- 모방하지 못하면 교사가 동화책을 보여 줄 때 주인공이 웃는 그림을 보여 주며 교사도 웃으면서 유아에게 웃어 보라고 한다.
- 교사가 동화책의 주인공이 웃는 그림을 펼쳐 놓고 교사의 웃는 얼굴을 가리키며 유아에게 웃어 보라고 한다.
- 웃지 못하면 교사가 동화책을 보여 줄 때 주인공이 웃는 그림을 보여 주며 교사도 웃으면서 유아에게 웃는 동작을 반복하게 해 준다.
- 도움을 점차 줄여 간다.
- 수행되면 교사가 동화책을 보여 줄 때 주인공이 웃는 그림이 나오면 유아 스스로 웃어 보라고 한다.
- 수행되면 유아의 특성에 맞는 적절한 강화제를 제공한다.

2~3명의 또래와 게임하기　　　　　　　　　

목표 ｜ 2~3명의 또래와 게임을 할 수 있다.

자료 ｜ 강화제

방법 ❶

- 교사가 2~3명의 또래와 게임(예: 공을 멀리 차는 게임)을 하는 시범을 보인다.
- 유아에게 교사를 모방하여 2~3명의 또래와 게임을 해 보라고 한다.
- 수행되면 유아 스스로 2~3명의 또래와 게임을 해 보라고 한다.
- 수행되면 유아의 특성에 맞는 적절한 강화제를 제공한다.

방법 ❷

- 교사가 예를 들어 2~3명의 또래와 공을 멀리 차는 게임을 하는 시범을 보인다.
- 유아에게 교사를 모방하여 2~3명의 또래와 공을 멀리 차는 게임을 해 보라고 한다.
- 모방하지 못하면 교사가 유아의 순서가 되면 유아의 다리를 잡고 공을 멀리 차게 해 준다.
- 교사가 유아의 발 앞에 공을 대 준 후 공을 멀리 차 보라고 한다.
- 차지 못하면 교사가 유아의 순서가 되면 유아의 다리를 잡고 공을 멀리 차는 동작을 반복해 준다.
- 교사가 발로 공을 차는 동작을 보여 주며 유아에게 공을 멀리 차 보라고 한다.
- 도움을 점차 줄여 간다.
- 수행되면 유아 스스로 2~3명의 또래와 공을 멀리 차는 게임을 해 보라고 한다.
- 수행되면 유아의 특성에 맞는 적절한 강화제를 제공한다.

다른 사람의 감정 이해하기 6~7세

목표 | 다른 사람의 감정을 이해하고 그에 맞는 말이나 행동을 할 수 있다.
자료 | 강화제

방법 ❶

- 교사가 다른 사람의 감정을 이해하고 그에 맞는 말(예: 울지 마.)이나 행동(예: 안아 주기)을 하는 시범을 보인다.
- 유아에게 교사를 모방하여 다른 사람의 감정을 이해하고 그에 맞는 말이나 행동을 해 보라고 한다.
- 수행되면 유아 스스로 다른 사람의 감정을 이해하고 그에 맞는 말이나 행동을 해 보라고 한다.
- 수행되면 유아의 특성에 맞는 적절한 강화제를 제공한다.

방법 ❷

- 교사가 예를 들어 울고 있는 유아를 보고 안아 주는 시범을 보인다.
- 유아에게 교사를 모방하여 울고 있는 또래를 안아 줘 보라고 한다.
- 모방하지 못하면 교사가 유아의 두 손을 잡아 울고 있는 또래의 등에 대 주어 안아 주게 해 준다.
- 교사가 유아의 한 손을 잡아 울고 있는 또래의 등에 대 주어 유아가 또래를 안아 주게 해 준다.
- 안아 주지 못하면 교사가 유아의 두 손을 잡아 울고 있는 또래의 등에 대 주어 안아 주는 동작을 반복해 준다.
- 교사가 누군가를 안는 시늉을 하며 유아에게 울고 있는 또래를 안아 줘 보라고 한다.
- 도움을 점차 줄여 간다.

- 수행되면 유아 스스로 울고 있는 또래를 안아 줘 보라고 한다.
- 수행되면 다른 말(예: 괜찮아)이나 행동(예: 등 토닥여 주기)도 울고 있는 또래를 안아 주는 것과 같은 방법으로 지도한다.
- 수행되면 유아의 특성에 맞는 적절한 강화제를 제공한다.

 ### 187 또래와 샌드위치 만들기   6~7세

목표 | 또래와 샌드위치를 만들 수 있다.
자료 | 식빵 여러 조각, 과일 잼, 치즈, 토마토, 버터나이프, 강화제

방법 ❶
- 다른 교사가 버터나이프로 과일 잼을 떠서 식빵 한 조각에 올려 넓게 펴 바르면 교사가 그 위에 치즈나 토마토를 놓고 식빵 한 조각을 올려 샌드위치를 만드는 시범을 보인다.
- 유아에게 교사를 모방하여 또래가 버터나이프로 과일 잼을 떠서 식빵 한 조각에 올려 넓게 펴 바르면 유아가 그 위에 치즈나 토마토를 놓고 식빵 한 조각을 올려 샌드위치를 만들어 보라고 한다.
- 수행되면 또래가 버터나이프로 과일 잼을 떠서 식빵 한 조각에 올려 넓게 펴 바르면 유아 스스로 그 위에 치즈나 토마토를 놓고 식빵 한 조각을 올려 샌드위치를 만들어 보라고 한다.
- 수행되면 유아의 특성에 맞는 적절한 강화제를 제공한다.

방법 ❷
- 다른 교사가 버터나이프로 과일 잼을 떠서 식빵 한 조각에 올려 넓게 펴 바르면 교사가 그 위에 치즈나 토마토를 놓고 식빵 한 조각을 올려 샌드위치를 만드는 시

범을 보인다.

- 유아에게 교사를 모방하여 또래가 버터나이프로 과일 잼을 떠서 식빵 한 조각에 올려 넓게 펴 바르면 유아가 그 위에 치즈나 토마토를 놓고 식빵 한 조각을 올려 샌드위치를 만들어 보라고 한다.

- 모방하지 못하면 교사가 또래에게 버터나이프로 과일 잼을 떠서 식빵 한 조각에 올려 넓게 펴 바르라고 한 후 유아의 손을 잡고 그 위에 치즈나 토마토를 놓고 식빵 한 조각을 올려 샌드위치를 만들어 준다.

- 교사가 또래에게 버터나이프로 과일 잼을 떠서 식빵 한 조각에 올려 넓게 펴 바르라고 한 후 유아의 손에 치즈나 토마토를 쥐어 준 다음 유아에게 그 위에 치즈나 토마토를 놓고 식빵 한 조가을 올려 샌드위치를 만들이 보라고 한다.

- 만들지 못하면 교사가 또래에게 버터나이프로 과일 잼을 떠서 식빵 한 조각에 올려 넓게 펴 바르라고 한 후 유아의 손을 잡고 그 위에 치즈나 토마토를 놓고 식빵 한 조각을 올려 샌드위치를 만드는 동작을 반복해 준다.

- 교사가 또래에게 버터나이프로 과일 잼을 떠서 식빵 한 조각에 올려 넓게 펴 바르라고 한 후 치즈나 토마토를 가리키며 잼이 발라진 식빵 위에 치즈나 토마토를 놓고 식빵 한 조각을 올려 샌드위치를 만들어 보라고 한다.

- 도움을 점차 줄여 간다.

- 수행되면 또래가 버터나이프로 과일 잼을 떠서 식빵 한 조각에 올려 넓게 펴 바르면 유아 스스로 그 위에 치즈나 토마토를 놓고 식빵 한 조각을 올려 샌드위치를 만들어 보라고 한다.

- 수행되면 유아의 특성에 맞는 적절한 강화제를 제공한다.

☞ 샌드위치에 들어갈 재료는 유아의 상태에 따라 융통성 있게(예: 잼만 바르기) 선택하여 앞의 방법대로 지도하면 된다.

어른의 역할 모방하기

목표 | 어른의 역할을 모방할 수 있다.

자료 | 커피 믹스, 찻숟가락, 찬물(미지근한 물), 장난감 커피 잔과 받침 등, 강화제

방법 ❶

- 교사가 미리 커피 믹스를 잘라 놓는다.
- 교사가 예를 들어 커피 잔에 커피 믹스를 쏟은 후 물을 붓고 찻숟가락으로 저은 다음 받침에 받쳐 유아에게 주는 시범을 보인다.
- 유아에게 교사를 모방하여 커피 잔에 커피 믹스를 쏟은 후 물을 붓고 찻숟가락으로 저은 다음 받침에 받쳐 교사에게 주라고 한다.
- 수행되면 유아 스스로 커피 잔에 커피 믹스를 쏟은 후 물을 붓고 찻숟가락으로 저은 다음 받침에 받쳐 교사에게 주라고 한다.
- 수행되면 유아의 특성에 맞는 적절한 강화제를 제공한다.

방법 ❷

- 교사가 미리 커피 믹스를 잘라 놓는다.
- 교사가 예를 들어 커피 잔에 커피 믹스를 쏟은 후 물을 붓는 시범을 보인다.
- 유아에게 교사를 모방하여 커피 잔에 커피 믹스를 쏟은 후 물을 부어 보라고 한다.
- 모방하지 못하면 교사가 유아의 손을 잡고 커피 잔에 커피 믹스를 쏟은 후 물을 부어 준다.
- 교사가 유아의 손을 잡고 커피 잔에 커피 믹스를 쏟은 후 유아에게 물을 부어 보라고 한다.
- 붓지 못하면 교사가 유아의 손을 잡고 커피 잔에 커피 믹스를 쏟은 후 물을 붓는

동작을 반복해 준다.

- 교사가 커피 믹스를 가리키며 유아에게 커피 잔에 커피 믹스를 쏟은 후 물을 부어 보라고 한다.
- 도움을 점차 줄여 간다.
- 수행되면 유아 스스로 커피 잔에 커피 믹스를 쏟은 후 물을 부어 보라고 한다.
- 수행되면 교사가 커피 잔에 커피 믹스를 쏟은 후 물을 붓고 찻숟가락으로 저은 다음 받침에 받쳐 유아에게 주는 시범을 보인다.
- 교사가 유아에게 스스로 커피 잔에 커피 믹스를 쏟고 물을 부은 후 교사를 모방하여 찻숟가락으로 저은 다음 받침에 받쳐 교사에게 달라고 한다.
- 모방하지 못하면 유아 스스로 커피 잔에 커피 믹스를 쏟고 물을 붓게 한 후 교사가 유아의 손을 잡고 찻숟가락으로 저은 다음 받침에 받쳐 교사에게 주게 한다.
- 교사가 유아 스스로 커피 잔에 커피 믹스를 쏟고 물을 붓게 한 후 찻숟가락을 가리키며 유아에게 커피를 저은 다음 받침에 받쳐 교사에게 주라고 한다.
- 하지 못하면 유아 스스로 커피 잔에 커피 믹스를 쏟고 물을 붓게 한 후 교사가 유아의 손을 잡고 찻숟가락으로 저은 다음 받침에 받쳐 교사에게 주는 동작을 반복해 준다.
- 교사가 유아에게 스스로 커피 잔에 커피 믹스를 쏟은 후 물을 붓고 찻숟가락으로 젓게 한 다음 받침을 가리키며 커피 잔을 올려 교사에게 주라고 한다.
- 커피 잔을 받침에 올리지 못하면 교사가 유아에게 스스로 커피 잔에 커피 믹스를 쏟은 후 물을 부어 찻숟가락으로 젓게 한 다음 유아의 손을 잡고 커피 잔을 받침에 올려 준다.
- 올리지 못하면 교사가 유아의 손을 잡고 커피 잔을 받침에 올리는 동작을 반복해 준다.
- 수행되면 교사가 유아에게 스스로 커피 잔을 받침에 올려 보라고 한다.
- 도움을 점차 줄여 간다.
- 수행되면 유아 스스로 커피 잔에 커피 믹스를 쏟은 후 물을 붓고 찻숟가락으로 저

은 다음 받침에 받쳐 교사에게 달라고 한다.

- 수행되면 예를 들어 청소하기도 커피 타기를 지도한 것과 같은 방법으로 지도한다.
- 수행되면 유아의 특성에 맞는 적절한 강화제를 제공한다.

☞ 뜨거운 물은 위험할 수 있으므로 찬물에 잘 녹는 아이스커피 믹스를 사용하거나 미지근한 물을 사용하여 지도하도록 한다.

☞ 예를 들어 커피를 타서 성인이나 또래에게 주는 행동 모방은 각 단계를 유아의 특성에 맞게 조절하여 융통성 있게 지도하면 된다. 즉, 어떤 경우에는 커피 잔에 커피 믹스를 쏟는 것만 먼저 지도해도 되며, 어떤 경우에는 커피 잔에 커피 믹스를 쏟은 후 물을 붓고 찻숟가락으로 젓는 것까지 한꺼번에 지도해도 무방하니 참고하기 바란다.

189 또래와 주먹밥 만들기 6~7세

목표 | 또래와 주먹밥을 만들 수 있다.
자료 | 밥, 김 조각, 멸치, 깨, 소금 등, 주걱, 강화제

방법 ❶
- 교사가 밥에 미리 소금 간을 해 놓는다.
- 교사가 다른 교사와 함께 밥에 김 조각, 멸치, 깨 등을 넣고 주걱으로 섞은 후 손으로 주물러 주먹밥을 만드는 시범을 보인다.
- 유아에게 교사를 모방하여 또래와 함께 밥에 김 조각, 멸치, 깨 등을 넣고 주걱으로 섞은 후 손으로 주물러 주먹밥을 만들어 보라고 한다.
- 수행되면 유아 스스로 또래와 함께 밥에 김 조각, 멸치, 깨 등을 넣고 주걱으로 섞

6~7세

은 후 손으로 주물러 주먹밥을 만들어 보라고 한다.

- 수행되면 유아의 특성에 맞는 적절한 강화제를 제공한다.

방법 ❷

- 교사가 밥에 미리 소금 간을 해 놓는다.
- 교사가 다른 교사와 함께 밥에 김 조각, 멸치, 깨 등을 넣는 시범을 보인다.
- 유아에게 교사를 모방하여 또래와 함께 밥에 김 조각, 멸치, 깨 등을 넣어 보라고 한다.
- 모방하지 못하면 교사가 유아의 손을 잡고 또래와 함께 밥에 김 조각, 멸치, 깨 등을 넣어 준다.
- 교사가 김 조각, 멸치, 깨 등을 가리키며 유아에게 또래와 함께 김 조각, 멸치, 깨 등을 밥에 넣어 보라고 한다.
- 넣지 못하면 교사가 유아의 손을 잡고 또래와 함께 밥에 김 조각, 멸치, 깨 등을 넣는 동작을 반복해 준다.
- 도움을 점차 줄여 간다.
- 수행되면 유아 스스로 또래와 함께 김 조각, 멸치, 깨 등을 밥에 넣어 보라고 한다.
- 수행되면 교사가 다른 교사와 함께 밥에 김 조각, 멸치, 깨 등을 넣고 주걱으로 섞는 시범을 보인다.
- 유아에게 교사를 모방하여 또래와 함께 밥에 김 조각, 멸치, 깨 등을 넣고 주걱으로 섞어 보라고 한다.
- 모방하지 못하면 교사가 유아에게 스스로 또래와 함께 밥에 김 조각, 멸치, 깨 등을 넣으라고 한 후 유아의 손을 잡고 주걱으로 섞어 준다.
- 교사가 유아에게 스스로 또래와 함께 밥에 김 조각, 멸치, 깨 등을 넣으라고 한 후 주걱을 가리키며 유아에게 주걱으로 밥을 섞어 보라고 한다.
- 섞지 못하면 교사가 유아에게 스스로 또래와 함께 밥에 김 조각, 멸치, 깨 등을 넣

으라고 한 후 유아의 손을 잡고 주걱으로 섞는 동작을 반복해 준다.

- 도움을 점차 줄여 간다.
- 수행되면 유아 스스로 또래와 함께 밥에 김 조각, 멸치, 깨 등을 넣으라고 한 후 주걱으로 섞어 보라고 한다.
- 수행되면 교사가 다른 교사와 함께 밥에 김 조각, 멸치, 깨 등을 넣고 주걱으로 섞은 후 손으로 주물러 주먹밥을 만드는 시범을 보인다.
- 유아에게 교사를 모방하여 또래와 함께 밥에 김 조각, 멸치, 깨 등을 넣고 주걱으로 섞은 후 손으로 주물러 주먹밥을 만들어 보라고 한다.
- 모방하지 못하면 교사가 유아에게 스스로 또래와 함께 밥에 김 조각, 멸치, 깨 등을 넣고 주걱으로 섞으라고 한 후 유아의 손을 잡고 밥을 주물러 주먹밥을 만들어 준다.
- 교사가 유아에게 스스로 또래와 함께 밥에 김 조각, 멸치, 깨 등을 넣고 주걱으로 섞으라고 한 후 교사가 손으로 밥을 주무르는 동작을 보여 주며 유아에게 손으로 주물러 주먹밥을 만들어 보라고 한다.
- 만들지 못하면 교사가 유아에게 스스로 또래와 함께 밥에 김 조각, 멸치, 깨 등을 넣고 주걱으로 섞으라고 한 후 유아의 손을 잡고 밥을 주물러 주먹밥을 만드는 동작을 반복해 준다.
- 도움을 점차 줄여 간다.
- 수행되면 유아 스스로 또래와 함께 밥에 김 조각, 멸치, 깨 등을 넣고 주걱으로 섞은 후 손으로 주물러 주먹밥을 만들어 보라고 한다.
- 수행되면 유아의 특성에 맞는 적절한 강화제를 제공한다.

☞ 유아의 상태에 따라 교사가 밥에 미리 소금 간을 해 두거나 교사가 도와주어 유아가 소금 간을 할 수 있도록 지도해도 된다.

☞ 재료는 상황에 따라 다양하게 변화시켜도 무방하다.

6~7
세

337

190 또래와 손 맞대어 짝짜꿍하기 6~7세

목표 | 또래와 손을 맞대어 짝짜꿍을 할 수 있다.
자료 | 강화제

방법 ❶

- 교사가 다른 유아와 함께 손을 맞대어 짝짜꿍을 하는 시범을 보인다.
- 유아에게 교사를 모방하여 또래와 함께 손을 맞대어 짝짜꿍을 해 보라고 한다.
- 수행되면 유아 스스로 또래와 함께 손을 맞대어 짝짜꿍을 해 보라고 한다.
- 수행되면 유아의 특성에 맞는 적절한 강화제를 제공한다.

방법 ❷

- 교사가 다른 유아와 함께 한 손을 맞대어 짝짜꿍(손뼉)을 하는 시범을 보인다.
- 유아에게 교사를 모방하여 또래와 함께 한 손을 맞대어 짝짜꿍을 해 보라고 한다.
- 모방하지 못하면 교사가 유아의 한 손을 잡고 또래의 한 손과 맞대어 짝짜꿍을 하게 해 준다.
- 교사가 유아의 한 손을 또래의 한 손에 대 준 후 짝짜꿍을 해 보라고 한다.
- 하지 못하면 교사가 유아의 한 손을 잡고 또래의 한 손과 맞대어 짝짜꿍을 하는 동작을 반복해 준다.
- 교사가 다른 유아의 한 손을 가리키며 유아에게 또래와 짝짜꿍을 해 보라고 한다.
- 도움을 점차 줄여 간다.
- 수행되면 유아 스스로 또래와 함께 한 손을 맞대어 짝짜꿍을 해 보라고 한다.
- 수행되면 교사가 다른 유아와 함께 두 손을 맞대어 짝짜꿍을 하는 시범을 보인다.
- 유아에게 교사를 모방하여 또래와 함께 두 손을 맞대어 짝짜꿍을 해 보라고 한다.
- 모방하지 못하면 교사가 유아의 두 손을 잡고 또래의 두 손과 맞대어 짝짜꿍을 하

게 해 준다.

- 교사가 유아의 두 손을 또래의 두 손에 대 준 후 짝짜꿍을 해 보라고 한다.
- 하지 못하면 교사가 유아의 두 손을 잡고 또래의 두 손과 맞대어 짝짜꿍을 하는 동작을 반복해 준다.
- 교사가 다른 유아의 두 손을 가리키며 유아에게 또래와 짝짜꿍을 해 보라고 한다.
- 수행되면 유아의 특성에 맞는 적절한 강화제를 제공한다.

6~7
세

MEMO

부록

관찰표

사회성편

관찰표

연령	번호	목표	시행일자	습득일자
0~1세	1	성인의 얼굴 바라보기		
	2	성인을 모방하여 미소 짓기		
	3	말하거나 안아 주면 울음 멈추기		
	4	사람을 향해 바라보거나 얼굴 돌리기		
	5	엄마의 얼굴 구분하기		
	6	안아 줄 때 꼭 안기기		
	7	성인을 모방하여 웃기		
	8	엄마 알아보고 울음 그치기		
	9	성인의 얼굴 만지기		
	10	큰 소리로 웃기		
	11	엄마의 목소리 구분하기		
	12	제시된 물건에 손 내밀기		
	13	사회적 참조하기		
	14	이름을 부르면 바라보기		
	15	친숙한 사람에게 미소 짓기		
	16	기쁠 때 소리 지르기		
	17	몸짓으로 안아 달라는 표현하기		
	18	성인을 보고 먼저 웃기		
	19	좋아하는 장난감에 관심 갖기		
	20	상대방의 표정에 관계없이 웃기		
	21	낯선 사람에게 다르게 반응하기		
	22	장난감 따라 고개 움직이기		
	23	낯가림하기		
	24	낯선 사람을 꺼려 하거나 두려워하기		
	25	웃거나 옹알이로 상호작용하기		
	26	이름을 부르면 소리 내어 반응하기		

〈계속〉

연령	번호	목표	시행일자	습득일자
1~2세	27	친숙한 사람에게 안아 달라고 팔 벌리기		
	28	장난감을 흔들어 소리 내는 행동 모방하기		
	29	즐거운 표정이나 불쾌한 표정 짓기		
	30	다른 영아에게 관심 갖기		
	31	음악과 리듬에 즐거운 표정 짓기		
	32	행동을 저지하면 멈추기		
	33	장난감 쥐고 살펴보기		
	34	숨겨진 물건 찾기		
	35	친숙한 사람에게 다가가기		
	36	모든 사물에 관심 갖기		
	37	기본 정서 표현하기		
	38	거울 속의 자기 모습에 관심 갖기		
	39	좋아하는 동작 반복하기		
	40	성인의 안경 만지기		
	41	성인에게 장난감이나 물건 건네기		
	42	만세 모방하기		
	43	성인이 유도하는 놀이에 참여하기		
	44	여러 가지 표정에 반응하기		
	45	반복하여 큰 소리로 웃기		
	46	혼자서 친숙한 방 돌아다니기		
	47	성인의 머리카락 잡아당기기		
	48	인형이나 부드러운 장난감 끌어안기		
	49	성인을 모방하여 손 흔들기		
	50	장난감을 달라고 하면 거부하기		
	51	성인을 모방하여 짝짜꿍하기		

〈계속〉

연령	번호	목표	시행일자	습득일자
2~3세	52	안아 달라고 팔 벌리기		
	53	지시하면 다른 사람 손잡기		
	54	거울 속의 자신을 보고 웃거나 반응하기		
	55	우는 표정 짓기		
	56	손, 발 마사지에 반응하기		
	57	팔로 동그라미 모방하기		
	58	화난 표정 짓기		
	59	의자에 3분 동안 앉아 있기		
	60	원하는 사물을 손가락으로 가리키기		
	61	밖에 나갈 때 성인의 손잡기		
	62	얼굴 표정 모방하기		
	63	다른 사람을 끌어당겨 행동이나 물건 보여 주기		
	64	3~5분 정도 그림책 보기		
	65	어떤 이야기나 음악에 잠깐 주의 기울이기		
	66	지시하면 친숙한 사람에게 인사하기		
	67	가족사진에서 자신 찾기		
	68	익숙한 상황에서 엄마와 쉽게 떨어지기		
	69	성인에게 물 달라고 요구하기		
	70	교사의 간단한 동작 모방하기		
	71	또래에게 '컵' 건네주기		
	72	헤어질 때 손 흔들기		
	73	지시하면 안아 주기		

〈계속〉

연령	번호	목표	시행일자	습득일자
3~4세	74	또래와 함께 짝짜꿍하기		
	75	놀다가 부모를 확인하기 위해 돌아오기		
	76	성인에게 책 읽어 달라고 건네기		
	77	동화책을 들려주면 10분 정도 듣기		
	78	혼자서 하려고 고집하기		
	79	또래와 인사하기		
	80	순서대로 블록 쌓기		
	81	장난감 자동차 굴리기		
	82	교사가 지시하면 50% 돕기		
	83	물어볼 때 선택하기		
	84	물건 주고받기		
	85	손잡는 것을 거부하고 혼자 가려고 하기		
	86	인형에게 뽀뽀하기		
	87	또래 옆에서 블록 쌓기		
	88	지시하면 또래와 장난감이나 음식 나누기		
	89	인형에게 음식 먹이는 시늉하기		
	90	지시하면 친숙한 사람과 포옹하기		
	91	커피 마시는 시늉하기		
	92	낯선 사람 보면 수줍어하기		
	93	전화받는 행동 모방하기		
	94	머리 빗는 행동 모방하기		
	95	지시하면 또래와 팔짱 끼기		
	96	자신이 하는 행동 봐 주기를 요청하기		
	97	손에 닿지 않는 물건을 건네 달라고 손짓하기		
	98	지시하면 간단한 집안일 모방하기		
	99	도움이 필요할 때 요청하기		
	100	위로하려는 행동이나 말하기		
	101	아픔 표현하기		

〈계속〉

연령	번호	목표	시행일자	습득일자
4~5세	102	지시하면 또래 데려오기		
	103	다른 사람에게 관심 기울일 때 질투하기		
	104	감정 드러내기		
	105	인형 머리카락 빗겨 주기		
	106	친구의 이름 둘 이상 말하기		
	107	바닥 닦기		
	108	자기 차례 지키기		
	109	친숙한 사람에게 스스로 인사하기		
	110	또래와 상호작용하기		
	111	성인이 이끄는 집단 놀이에서 규칙 따르기		
	112	자기보다 어린아이를 껴안으며 애정 표현하기		
	113	자신의 성별 말하기		
	114	다른 사람을 껴안으며 인사하기		
	115	다른 사람 방해하지 않기		
	116	도움이 필요한 친구 도와주기		
	117	지시하면 교실에서 물건 가져오기		
	118	간단한 집단 놀이에 참여하기		
	119	교사의 요구에 80% 따르기		
	120	자기보다 어린아이 보살피기		
	121	인형 보살피기		
	122	혼자서 약 30분간 잡다한 일 하기		
	123	간단한 심부름하기		
	124	장난감 제자리에 정리하기		
	125	다른 사람의 팔을 끌어 자신의 간단한 의사 표현하기		
	126	소리 구분하기		
	127	자기 물건 자랑하기		
	128	간식 나누어 주기		
	129	사람들 앞에서 노래 및 율동하기		
	130	스스로 또래와 팔짱 끼기		
	131	협동하여 블록 쌓기		
	132	친구에게 양보하기		
	133	스스로 인사하기		

〈계속〉

연령	번호	목표	시행일자	습득일자
4~5세	134	자기 순서 지키기		
	135	간단한 놀이의 규칙 따르기		
	136	스스로 음식이나 물건 나누기		
	137	또래와 간단한 노래를 부르며 율동하기		
	138	특정 물건을 '내 것'이라고 말하기		
5~6세	139	어려움에 처했을 때 도움 청하기		
	140	전화 통화하기		
	141	연결되는 동작 모방하기		
	142	다른 교실에서 또래 데려오기		
	143	음악에 맞추어 교사와 춤추기		
	144	잘못하였을 때 사과하기		
	145	협동하여 블록으로 집 만들기		
	146	다른 사람의 물건 사용할 때 허락 구하기		
	147	간단한 정리 정돈하기		
	148	또래 간지럽히기		
	149	또래와 시소 타기		
	150	간단한 심부름하기		
	151	혼자서 할 수 있는 일은 스스로 하기		
	152	다른 사람을 위해 노래 부르기		
	153	전화받고 성인 부르기		
	154	성인 도와주기		
	155	동성 친구 선택하기		
	156	다른 사람을 위해 식탁 닦기		
	157	동화책 속 주인공 표정 읽기		
	158	횡단보도 건널 때 좌우 살피기		
	159	인형 엉덩이 닦아 주기		
	160	또래에게 필요한 물건 가져다주기		
	161	또래에게 부탁하기		
	162	자기 전 부모에게 인사하기		
	163	옳은 행동과 나쁜 행동 판단하기		
	164	또래와 협동 놀이하기		
	165	약속 지키기		

〈계속〉

연령	번호	목표	시행일자	습득일자
5~6세	166	깨어났을 때 부모에게 인사하기		
	167	처음 만난 또래와 쉽게 어울리기		
	168	집단 놀이에서 규칙 따르기		
	169	사회적 상황에 적합한 말 사용하기		
	170	자기감정을 표정이나 그림으로 표현하기		
	171	공공장소에서 규칙이나 질서 지키기		
	172	또래를 교실로 불러서 함께 놀기		
6~7세	173	어려운 처지나 상황에 있는 또래 돕기		
	174	친구나 가족에게 전화 걸기		
	175	심부름하기		
	176	또래의 행동에 대해 말하기		
	177	또래에게 간단한 놀이의 규칙 설명하기		
	178	순서대로 악기 연주하기		
	179	공공장소에서 예의 지키기		
	180	도움을 요청하면 즉시 응하기		
	181	또래에게 자기소개하기		
	182	진행되고 있는 놀이에 끼어들기		
	183	또래와 게임하는 방법에 대해 의논하기		
	184	다른 사람의 감정에 공감하기		
	185	2~3명의 또래와 게임하기		
	186	다른 사람의 감정 이해하기		
	187	또래와 샌드위치 만들기		
	188	어른의 역할 모방하기		
	189	또래와 주먹밥 만들기		
	190	또래와 맞추어 짝짜꿍하기		

MEMO

● 저자 소개 ●

임경옥(Lim Kyoungook)
강남대학교 특수교육학과 학사
경기대학교 교육대학원 유아교육 석사
강남대학교 교육대학원 유아특수교육 석사
단국대학교 대학원 유아특수교육 박사
전 무지개 특수아동교육원 원장
전 수원여대 사회복지과 겸임교수 및 나사렛대학교, 수원과학대학교 등 외래교수
현 수원여자대학교 아동보육과 교수

〈저서 및 역서〉
장애영유아발달영역별 지침서1~5권(공저, 학지사, 2010)
보육교사 일반직무교육(공저, 양성원, 2016)
원장 일반직무교육(공저, 양성원, 2016)
보육교사 일반직무교육(심화)(공저, 양성원, 2017)
원장 일반직무교육(심화)(공저, 양성원, 2017)
특수교육학개론(공저, 학지사, 2017)
발달지체 영유아 조기개입-인지편(학지사, 2017)
발달지체 영유아 조기개입-신변처리편(학지사, 2018)
발달지체 영유아 조기개입-수용언어편(학지사, 2018)
발달지체 영유아 조기개입-표현언어편 I (학지사, 2018)
발달지체 영유아 조기개입-표현언어편 II (학지사, 2018)
발달지체 영유아 조기개입-소근육운동편 I (학지사, 2018)
발달지체 영유아 조기개입-소근육운동편 II (학지사, 2019)
발달지체 영유아 조기개입-대근육운동편(학지사, 2019)
특수교구교재제작(공저, 학지사, 2018)
아동권리와 복지(공저, 공동체, 2018)
교사! 그 아름다운 이름(학지사, 2019)

〈주요논문〉
예비영아특수교사들의 관찰실습경험에 대한 질적 연구(한국특수아동학회, 2013)
장애영아 미술치료 연구동향 분석-1997년부터 2012년까지 전문 학술지 중심으로(한국특수아동학회, 2013)
보육교사의 전문성 인식과 통합교육 신념에 관한 연구(사회복지실천연구, 2013)
예비보육교사들의 실습경험에 대한 이야기(한국콘텐츠학회, 2016)
아동복지전공 예비보육교사들이 보육실습에서 경험하는 딜레마에 대한 탐색(한국콘텐츠학회, 2016)

⑨

발달지체 영유아 조기개입 -사회성편-

2020년 2월 10일 1판 1쇄 발행
2022년 8월 10일 1판 3쇄 발행

지은이 • 임경옥
펴낸이 • 김진환
펴낸곳 • (주) **학지사**

04031 서울특별시 마포구 양화로 15길 20 마인드월드빌딩
대표전화 • 02)330-5114   팩스 • 02)324-2345
등록번호 • 제313-2006-000265호

홈페이지 • http://www.hakjisa.co.kr
페이스북 • https://www.facebook.com/hakjisa

ISBN 978-89-997-2029-1 93370

정가 17,000원

이 도서의 국립중앙도서관 출판시도서목록(CIP)은 서지정보유통지
원시스템 홈페이지(http://seoji.nl.go.kr)와 국가자료공동목록시스템
(http://www.nl.go.kr/kolisnet)에서 이용하실 수 있습니다.
(CIP 제어번호: CIP2020003095)

출판미디어기업 **학지사**

간호보건의학출판 **학지사메디컬** www.hakjisamd.co.kr
심리검사연구소 **인싸이트** www.inpsyt.co.kr
학술논문서비스 **뉴논문** www.newnonmun.com
교육연수원 **카운피아** www.counpia.com